はじめて
でも
よくわかる

産婦人科専門医
遠藤周一郎

知っておきたい

妊娠と出産
安心BOOK

KADOKAWA

はじめに

はじめまして。産婦人科専門医の遠藤周一郎と申します。

本書は、2016年に「きゅー先生」の著者名で刊行した『妊娠・出産を安心して迎えるために　産婦人科医きゅー先生の本当に伝えたいこと』の新装版です。前回掲げたコンセプトは、「とにかくわかりやすく信頼できる妊娠・出産本を!」でした。とりわけ、たとえ時代が変わろうと妊婦さん全員に知っていてほしいこと、そんな本質的・普遍的な情報を本にしようと思いました。基礎の基礎を知っておくことで、なにかトラブルが起こったとしても、かかりつけ医と有意義な話し合いができたり、よりよい関係性が築けると考えたのです。

おかげさまでそのコンセプトは女性だけではなく、パートナーや親世代にまで支持され、たくさんの方々に前回の本を手に取っていただきました。

しかし、刊行からおよそ8年も経つと、さすがに取り扱っている情報も古くなってしまいました。そこで今回、それらのデータを一新したのが本書となります。

この8年、いろいろと変化がありました。私ごととしては、この本を書くきっかけとなったブログは開店休業状態になっていますし（1000本近い過去記事は、まだ全て読めますが……）、2016年当時の職場は首都圏にある地域周産期母子医療センターで、妊娠22週からの超早産にも対応する日々を送っていましたが、今では地元で個人クリニックを開業し、産科から婦人科まで幅広い疾患を診療する毎日です。

さらに、当時は全く想像していなかったのですが、2019年に突然、小説家への道を志し、2021年に小学館が主催する文学賞を経て「藤ノ木優」のペンネームでデビューを果たしました。これまでに培ってきた経験を活かした小説を2024年現在までに5作品送り出していまして、今では、完全に二足のわらじを履いています（P162に情報を載せていますので、興味がある方はぜひ手に取ってくださいね！）。

もちろん、私たちを取り巻く世界も大きく変化しました。

産婦人科業界にもさまざまな変化の波が押し寄せてきています。ガイドライン改訂、不妊治療の保険適用、自治体でも妊娠・出産を巡るさまざまな取り組みが開始されたり、はたまた医師の働き方改革に振り回されたり、少子化は加速する一方で産院が次々と閉院してしまったり……。

今回、せっかくの新装の機会をいただいたので、データを新しくするだけではなく、そういった世界情勢の変化について、自身の経験や考え方も踏まえつつ、皆さんに情報をお届けできるようなコンテンツを大幅に増やしました。

前回の本とコンセプトは同じです。私自身が妊婦健診で実際に妊婦さんから頻繁にいただく質問を中心に題材を集め、誰にでもわかりやすいような解説を心がけました。それぞれのコンテンツは妊娠週数ごとにまとめてありますので、妊娠時期からの逆引きもできます。視覚的にも理解しやすいように、イラストもたくさん掲載しています。さらに、婦人科関連の話題やパートナーさん向けの情報についても、ページが許す限り加えました。

慌ただしい妊婦健診の診療の中で、医師自身が「もっと詳しく説明したい」「その言葉の本当の意味は……」と内心思っている内容が、たくさん載っています。妊婦さんはもちろん、これから妊娠を考えている女性やパートナー、さらにお子さんの出産にあたり不安を感じている祖父母になられる皆さん、現在、福祉や医療に関わっている方々など、どんな人が手に取っても、有意義でわかりやすい情報だと思います。

本書が、皆さんの妊娠・出産の不安を少しでも減らすきっかけになればいいなと思います。

産婦人科専門医　遠藤周一郎

赤ちゃんがやってきた? 初めての妊娠

数日後
子健康手帳
おなかに赤ちゃんいるなんて実感わかないな〜
次の検診まであと2週間か
けっこう間空くよね…
ちょっと風邪ぎみだけど薬飲めないんだっけ？
最初の受診の時何も聞けなかったんだよな…時間もすごく短かったし
普段通りに過ごして下さい
じゃっ質問なければ今日は終わりです
あっえっえっ
診察時間5分
つわりってつらいのかな…いつから始まるんだろう
妊娠がわかる前にお酒飲んじゃったよどうしよう〜
出産費用ってどのくらいかかるのかな…
里帰り
つわり
仕事
感染症
お金
ふ…不安!!
うわあああ

夫
ただいま〜
えっ
プス
プス
だ、だいじょうぶ？
ウワーン
も〜不安に押しつぶされそう〜!!
初めての妊娠・出産は心配だらけですよね
ハッ
産婦人科専門医
遠藤周一郎 先生
いきなり失礼します！
バーン

サッ
妊娠と出産 安心BOOK
これをどうぞ
この本では妊婦さんが不安に思いがちなこと 妊婦さんがどんなことを質問したらいいか迷うことなどに応えて妊娠・出産の基礎知識を医学的な立場から説明しています
妊娠中のセックスや出生前診断など健診でもなかなか聞きにくいテーマも取り上げました！
なるほど〜
お父さん向けの情報もあるね
マタニティライフを楽しみ安心して妊娠・出産を迎えるためにぜひこの本を役立ててくださいね！
はい！

いつ・何をやるかがわかる 妊娠～出産カレンダー

初めての妊娠に不安はつきものですよね。このカレンダーでは、いつ頃どんな検査を受けるか、体の変化はいつ頃から表れるかをカレンダー形式でまとめてみたので、健診の前にチェックしてみてください。

月数	1	2	3	4	5
週	0 1 2 3	4 5 6 7	8 9 10 11	12 13 14 15	16 17 18 9
定期健診		2週に1回	2週に1回	4週に1回	4週に1回
この時期の体の様子や受ける健診内容	●最終月経 ●排卵・受精	●妊娠検査薬おすすめ時期 ●病院受診おすすめ時期	「子宮がん検査＋採血」 身長、体重、血圧、脈拍測定、尿検査、問診、内診、経腟超音波検査など。	「定期健診」 「出生前診断」 17週までにやるかどうかを決めます。 ➡P40へ	「クラミジア検査」 おなかの赤ちゃんへの感染を防ぐため、子宮頸管の粘膜細胞を取る検査です。 「定期健診」 ー
気をつけたいトラブル		「異所性（子宮外）妊娠」 ➡P20へ	「流産」 ➡P21、36、54へ 「つわり」 ➡P32へ	「肌のかゆみやトラブル」 ➡P52へ	「体重管理」 ➡P50へ
やっておきたいこと		禁酒、禁煙をし、薬の服用に注意 ➡P30、54、68へ	居住地の役所で母子手帳をもらう	14週から安定期に ➡P58へ	歯科検診や歯の治療をする ➡P57へ マタニティウェアやマタニティ下着を準備

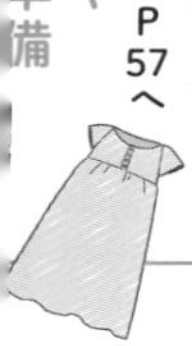

超過		予定日	10				9				8				7				6			
42	41	40	39	38	37	36	35	34	33	32	31	30	29	28	27	26	25	24	23	22	21	20
			毎週				2週に1回															

［子宮頸管長測定］切迫早産のチェック。

［膣分泌物培養検査（B群溶血性レンサ球菌）］

膣の中にもともとあり、赤ちゃんの命にかかわるB群溶連菌が増えていないかを確認。お母さんには影響がないものの、産まれたての赤ちゃんが肺炎を起こす可能性があり、お産直後の抗生剤で予防できます。

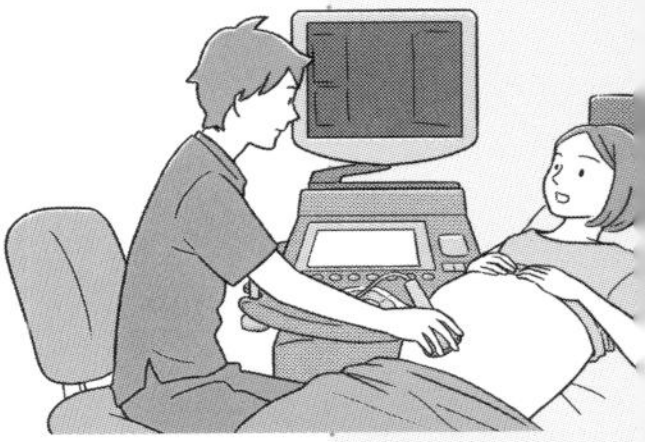

［定期健診］

［胎児心拍モニターテスト NST（ノンストレステスト）］

↓P78へ

赤ちゃんが元気なことを証明する検査。

［妊娠線］↓P52へ

［便秘・足のつり］↓P56へ

［貧血］↓P62へ

［切迫早産・早産］↓P36、82へ

［おなかの張り］

出産に向け、少しずつ子宮が収縮するために起こります。大概のものは放置してよいが、はりがいつもと違う場合やどんどん強くなる場合、出血や痛みが強い時は受診を。

［逆子］↓P74へ

［妊娠高血圧症候群］↓P72、130へ

［胃のもたれ］

赤ちゃんが大きくなるにつれ、子宮で胃を圧迫してしまうことも。一度で食べられていた量を何回かに分けないと食べられなくなってしまったり、ムカムカするなどの症状が出ることも。焦らずゆっくり食べるよう心がけましょう。

［尿漏れ］↓P80へ

［赤ちゃんの推定体重がわかるように］↓P48へ

［胎動の有無、回数を確認］↓P60へ

［母親学級や両親学級に参加］↓P65へ

［ヘアカット、カラーはこのあたりですませておく］

［里帰りをする人はこのあたりで帰郷］↓P66へ

［バースプランの確定］↓P84へ

「出産」となった時の病院へのアクセス、持ち物を確認

入院準備品も確認

↓P83へ

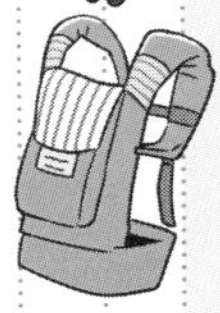

CONTENTS

第2章
医師が本当に伝えたい出産の話

第3章
出産後のために覚えておいてほしい産後の話

第5章 医師が男性に伝えたい大切な話

本書は2016年に小社より刊行した『妊娠・出産を安心して迎えるために産婦人科医きゅー先生の本当に伝えたいこと』に加筆・修正、改題、改版したものです。

※本書でご紹介している情報は、特記している場合を除き2024年5月現在のものです。

装丁　岩永香穂（MOAI）
本文デザイン　岩永香穂（MOAI）　mushroom design
カバーイラスト　よしだみさこ
本文イラスト・マンガ　栗生ゑゐこ
DTP　山本秀一、山本深雪（G-clef）
校正　麦秋アートセンター

第1章

医師がこれだけは伝えたい妊娠期の話

妊娠1〜4カ月
（0〜15週）

妊娠初期の妊婦さんと赤ちゃんの変化

初めての妊娠や、つわりなど、経験したことのない体調の変化に戸惑うことも多い時期なので、ここで予習を。

1カ月（0〜3週）

目立つ兆候がなくても子宮の中に根づいています

卵子と精子が出会って受精。受精した卵子を迎え入れるため、子宮は内膜を厚くし、着床させる準備を整えます。

妊婦さんの様子

外見は変わらず微かな体の変化を感じる人も

子宮は妊娠前と変わらず、鶏卵ほどのサイズです。人によっては微熱や少し胃のむかつきなどを感じる人も。

注意したいこと

- 正常妊娠かどうかを判断するために、6週までには病院へ
- 着床時にたまにある出血と生理を間違えないで
- 妊娠の可能性があるならお酒・タバコは控えて

赤ちゃんの様子

赤ちゃんを包む胎嚢ともととなる胎芽ができる

子宮内に胎嚢（たいのう）と胎芽ができますが、超音波ではまだ確認できません。

ちゃんと
おりますよ〜

約3週の大きさ目安

大きさ 1㎜／ 体重 1g

2カ月（4〜7週）

赤ちゃんが検査で見え始め目でも妊娠を実感！

体調の変化や超音波検査で赤ちゃんを見て「妊娠した！」という実感を持つ人も多くなってきます。

妊婦さんの様子

生理の遅れから妊娠したことに気づく人も

外見は変わりませんが、子宮はひとまわり大きくなっています。生理が遅れていることで妊娠に気づく人も。

注意したいこと

- 葉酸の摂取を心がける
- 赤ちゃんの臓器が作られる時期。サプリメント・薬の服用は医師に相談を

赤ちゃんの様子

超音波検査で胎嚢を目で確認できる

超音波で胎嚢が確認できます。妊娠6週目に早ければ心拍の確認ができます。

一気に
進化するよ！
ソイヤー！

約7週の大きさ目安

大きさ 12㎜／ 体重 4g

3カ月（8〜11週）

妊婦さんと赤ちゃんを つなぐ胎盤を建設中！

この時期は妊婦さんから赤ちゃんへ酸素や血液を運ぶ胎盤という器官を建設している最中。つわりがピークとなり体重が減ってしまう人もいます。

妊婦さんの様子

つわりの時期は 食べられるものを 食べればOK

子宮は握りこぶしほどに。つわりがひどく食べられない時は、無理に食べようとせず、好きなものだけ食べればOKです。

注意したいこと

- 胎盤完成前なので無理はせず疲れたら休もう
- 流産が起こりやすい時期 下腹部に痛みや出血があったら受診を

赤ちゃんの様子

胎芽から胎児へ呼び方が変わり よりヒトらしく

超音波で心拍を確認でき、歯のもとができ顔もヒトらしくなります。

ヒトっぽく なってきたよ
うご
うご

約11週の大きさ目安

大きさ 47mm／ 体重 30g

4カ月（12〜15週）

つわりも終息してきて 赤ちゃんとのパイプの胎盤も完成

つわりが終わり、食べ物をおいしく感じる時期。胎盤が完成され、臍帯（さいたい＝へその緒）を通して栄養や血液、酸素が赤ちゃんへ。

妊婦さんの様子

おなかの ふくらみが わかるように

流産の可能性がグッと低くなります。子宮は幼児の頭ほどになるので、外からでもおなかのふくらみがわかるように。

注意したいこと

- つわりが終わったら栄養バランスに気をつけて！
- 赤ちゃんに栄養がいくので暴飲暴食に注意！

赤ちゃんの様子

前月に比べて体重が4倍になり 器官がほぼ完成

器官がほぼ完成。手足を動かしたり、口を開閉する姿も見えます。

つわりは 大丈夫？

約15週の大きさ目安

大きさ 16cm／ 体重 100g

妊娠
1〜4カ月
（0〜15週）

超カンタンだけど、妊娠検査薬って使い方あってる？

「生理が来ない、妊娠したかも？」そんな時にまず使うものは、妊娠反応検査薬ですよね。妊娠検査薬の使い方は（ご存じの人も多いと思いますが）非常にシンプルです。尿をキットにつけて、検査確認線が出た状態で妊娠判定線をチェックすればいいだけ。本当にカンタンで、これなら医者いらず（笑）！　ただ、検査薬の使い方ではこの2点をどうか覚えておいてください。

1 あまりに早すぎる時期に使わない

2 検査薬が陽性になったら、なるべく早く病院を受診する

今、販売されている妊娠検査薬は非常に鋭敏な反応で、実は次回生理予定日の約1週間前（妊娠3週）からうっすらと陽性になることも。妊娠を心待ちにしている人はフライングで検査をしてしまいがちですが、いざ病院にかかっても超音波検査で赤ちゃんの袋（胎嚢）が子宮内に見えずに、かえって不安が大きくなったり、赤ちゃんの袋が見えないまま流れてしまう、化学流産になってしまうケースも残念ながら少なく

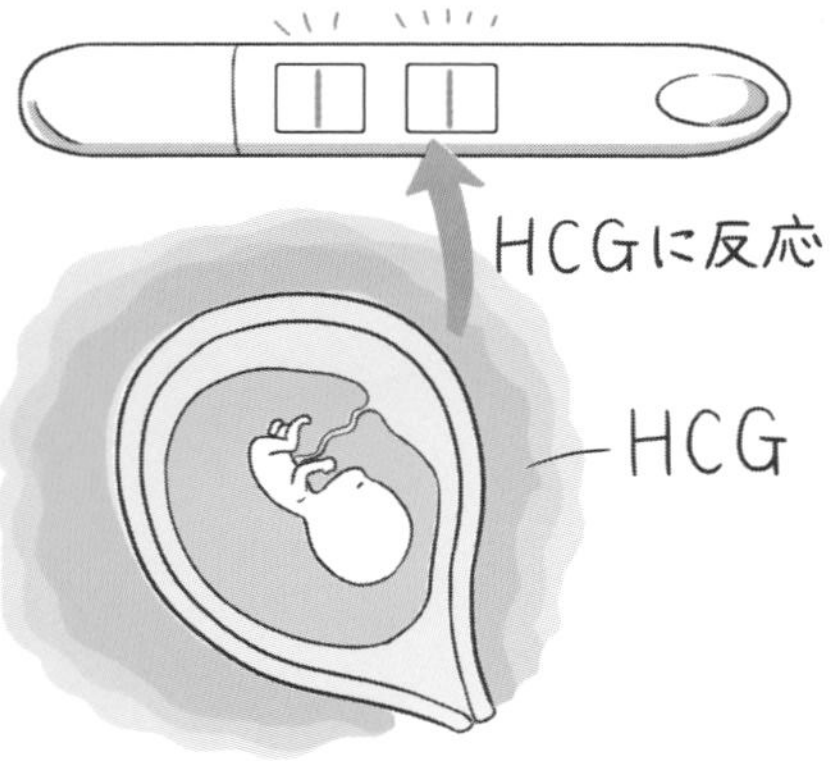

左のラインは、尿が十分量浸透したことを証明するもので、右のラインが妊娠判定ライン。HCGというホルモンによって判定が決まります。

＊1 HCG
ヒト絨毛（じゅうもう）性ゴナドトロピン、妊娠組織である絨毛から作られるホルモンでつわりの犯人でもある。妊娠検査薬に使用される。

＊2 異所性（子宮外）妊娠
子宮以外の場所に妊娠が成立する病気。卵管妊娠がもっとも多い。妊娠6〜8週くらいに破裂し大出血することもあるので要注意。

＊3 胞状奇胎
受精時の卵子と精子の不具合で、胎盤になる部分ががんのような性質を持つ病気。妊娠組織を取り出す処置（子宮内容除去術）が必要。

ありません。

さらに、不妊治療を行っている場合などは、排卵誘発剤にHCG[*1]と似たホルモンを使用することが多く、妊娠していないのにキットで陽性が出てしまうことも。妊娠を心待ちにしている人には、もどかしいですが、妊娠反応検査を行う時期は、「生理予定日から1～2週間後（妊娠5～6週）」がベストだと覚えておいてください。

また、「妊娠反応が陽性」が、必ずしも「正常妊娠」とイコールではありません。妊娠反応検査は、あくまで妊娠組織から作られるホルモンをチェックしているだけ。卵管やおなかの中といった、子宮外に妊娠が成立している異所性[*2]（子宮外）妊娠や、子宮内に妊娠していたとしても、胎盤に異常がある胞状奇胎[*3]といった異常妊娠でも、妊娠検査薬は陽性となるんです。

たまに検査薬が陽性であることに安心して、1～2カ月経ってから病院に来る人もいるのですが、早めに産婦人科で正常妊娠かどうかを確認することが、実はとっても大切なんですよ！

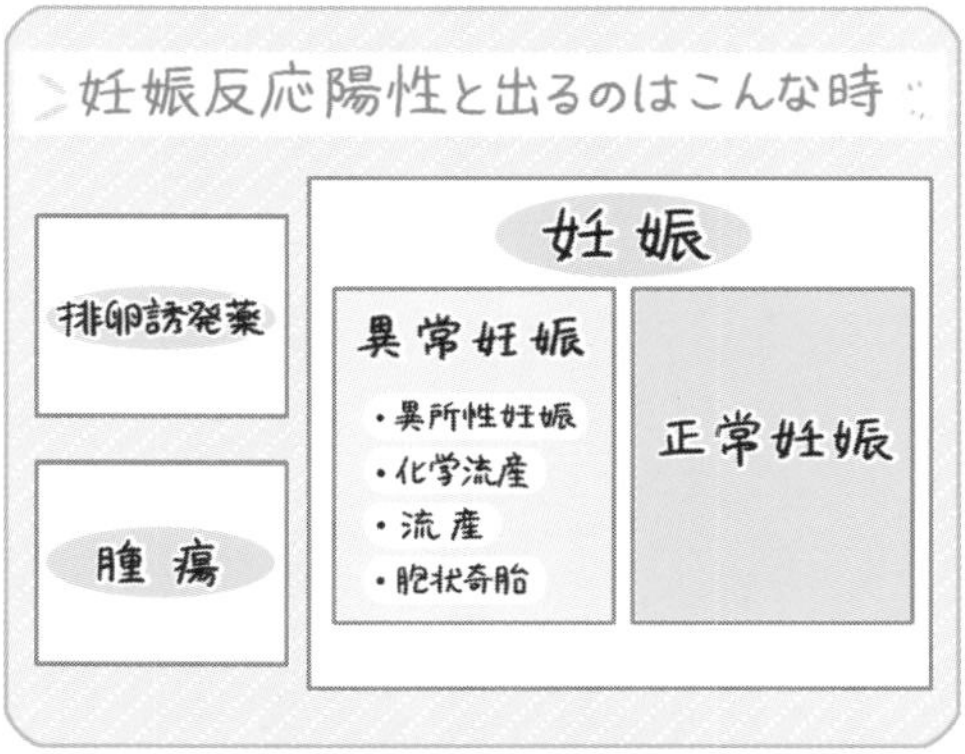

妊娠反応陽性と出るのはこんな時
排卵誘発薬
腫瘍
妊娠
異常妊娠
・異所性妊娠
・化学流産
・流産
・胞状奇胎
正常妊娠

ひと口に「妊娠」といっても異常妊娠（化学流産、流産も含む）というケースも。早めに病院で超音波検査を受けましょう。

遠藤先生の伝えたいこと

フライング注意！ 妊娠検査薬は、生理予定日1～2週間後に検査で陽性が出たら早めに産婦人科へ

遠藤先生からひとこと

妊娠検査薬が一般的に使われるようになるまではつわりが来るまで妊娠がわからないこともよくありました。妊娠初期のトラブルも未然に知るのは難しかったんです。

恥ずかしいけど必要な内診の意味

「痛そう！　恥ずかしい！」「よく知らない人の前であんなカッコウするなんて」など、内診に関する世の中のイメージはネガティブなものが多いと思います。私たち産婦人科医にとって内診検査とは、妊娠後期に指で行う子宮の出口の状態を診察するものなのですが、おそらく皆さんが想像する内診はもっとボンヤリしたもので、「内診台の上であのカッコウになって行う検査」全てを指しているのだろうと思います。

世間では嫌われ者の内診台で行う検査は、実は妊娠中に重要な検査ばかりで、残念ながら避けることはできないのですが、一体どんな方法で、何のために行うのかを知っていると、イメージも多少変わるかもしれません。わかりやすいよう妊婦健診中におもに行う「内診台で行う検査一覧」（P23表）を作ってみました。「内診って何するんだろう？」と思ったら、ぜひこの表を参考にしてみてください。

さて、機器の紹介もしますね。まず外せないのは、なんといっても内診台です。あのカパーッと足を広げる体勢は恥ずかしいと思いますが、最近の内診台は座った状態から自然に足が開くようになる「全自動タイプ」が一般的に。このタイプは医師が診察する直前までは普通にイスに座ったような状態で待てるので、精神的な苦痛も少ないのではないでしょうか。内診台のポイントは、イスに浅く腰かけること、そして足を広げるというよりも、膝を両側に広げることを意識すると、検査が行いやすくなり、すなわち短時間ですみ、痛みを感じることも少なくなります。

次にほとんどの内診検査で登場するのが、クスコ（腟鏡）です。この道具は腟内で先端を開くことにより、腟内と子宮の出口を診察するものです。内診で「痛い！」と感じる原因の多くはクスコによるものかもしれません。クスコをいきなりガッと勢いよく開いてしまう医師もいて、それがトラウマになってしまう女性も……。この時に、怖がって力が入ってしまうと、より痛みが強くなってしまうので、なるべくリラックスを。

妊娠初期の赤ちゃんの大きさや子宮の出口の長さをチェックするのは、経腟超音波の役目。先端にゼリーを付けて腟内に挿入しますが、この時も力を入れないのがコツです。

遠藤先生の伝えたいこと

内診台の上で行う検査は重要なものばかり！
検査の時はできるだけリラックス

内診台で行う検査一覧

時期	検査名	使う道具	目的
初期	経腟超音波	超音波プローブ	胎児の成長をチェック
	子宮頸がん検査	綿棒、ブラシ	妊娠初期検査
中期	経腟超音波	超音波プローブ	子宮の出口の長さを確認
	クラミジア検査	綿棒	クラミジア感染の確認
後期	腟培養検査	綿棒	GBS感染の確認
	内診検査	指	子宮の出口の診察や分娩の進行具合
必要な時	破水の検査	綿棒	破水の確認

内診台で行う検査で使う器具

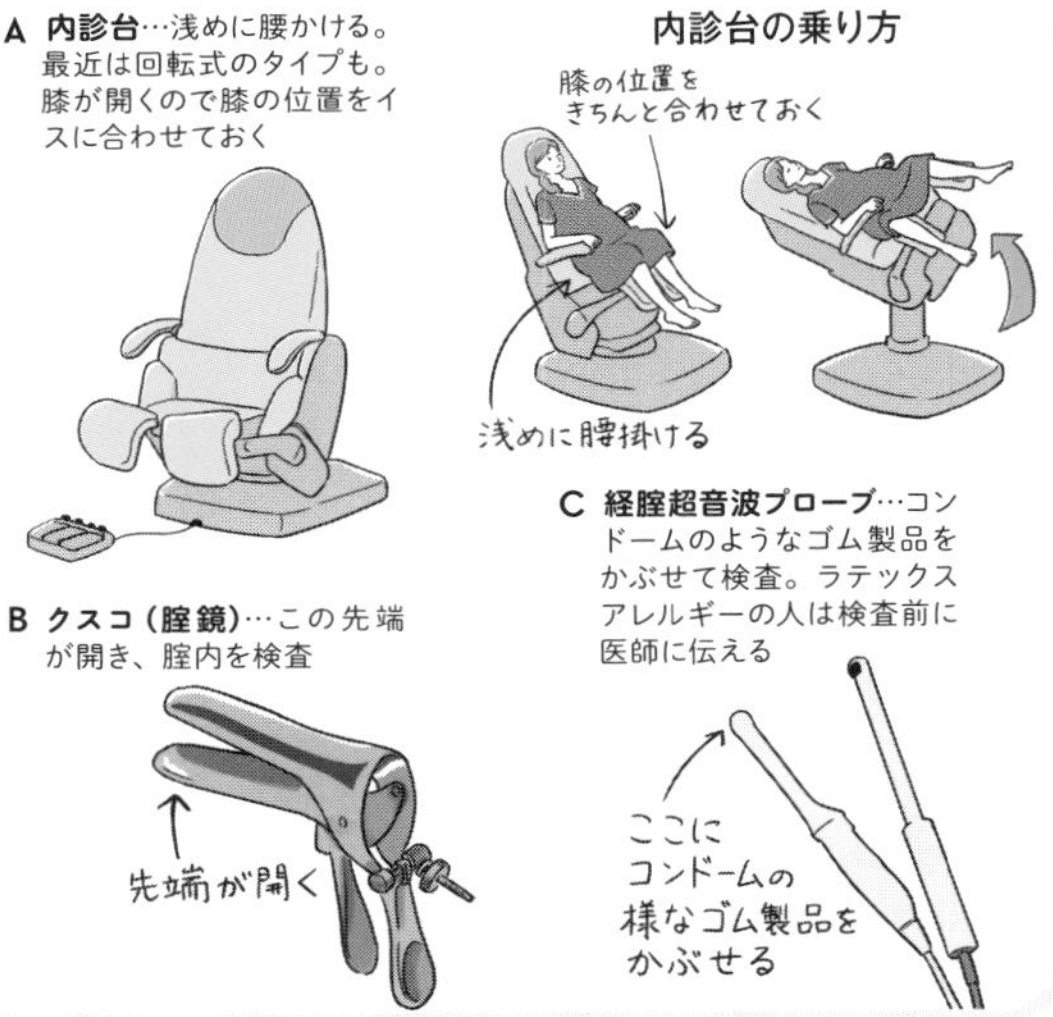
A 内診台…浅めに腰かける。最近は回転式のタイプも。膝が開くので膝の位置をイスに合わせておく
内診台の乗り方
膝の位置をきちんと合わせておく
浅めに腰掛ける
B クスコ（腟鏡）…この先端が開き、腟内を検査
先端が開く
C 経腟超音波プローブ…コンドームのようなゴム製品をかぶせて検査。ラテックスアレルギーの人は検査前に医師に伝える
ここにコンドームの様なゴム製品をかぶせる

遠藤先生からひとこと

私が内診をする時は、必ず妊婦さんに声をかけるようにし、クスコ（腟鏡）をいきなりガッと広げないことを心がけています。

超音波検査のホントの目的って？

「性別はどっちですか？」「赤ちゃんは大きくなっていますか？」。産科外来で膣やおなかから超音波検査を始めるやいなや、いきなりこのような質問をするお母さん・お父さんたちがいます。いや、「いる」というレベルではなく結構多いです!!

知っておいてほしいのが、超音波検査は性別や体重だけをチェックするものじゃないってことです！　実はさまざまな項目を見ているんですよ。体重よりもどちらかというと、赤ちゃんの奇形の有無・胎動・羊水・さまざまな血管の血流・胎盤・臍《さい》帯《たい》の状態などをチェックしています。

診察方法については、医師がそれぞれ自分のルーティーンを持っていて、順番に確認しています。おそらくほとんどの医師は、最初に性別の確認をしてはいないので、すぐに性別を聞くのは、あまりおすすめできません。

さて、もし超音波検査で「異常があるかもしれない」と言われたらどうしましょう？　きっと動転したり、焦ってしまいますよね。そんな時は超音波検査の本当の目的が、スクリーニングであることを知っておくと、少し安心できるかもしれません。

スクリーニングとは、ふるい分け試験などと呼ばれ、正常から外れるものを広く選別する方法のこと。簡単にたとえると、千円札の束をパラパラとめくって、「変な千円札（何らかの異常）」を見つけ出す作業です。ひと口に「変な千円札」といっても、そのバリエーションはさまざま！

一万円札もあれば、1ドル札、偽札などお札自体が違うものもありますよね。また、同じ千円札でも、夏目漱石や野口英世が印刷された昔のものや、シミあり、一部が破けているお札も、もれなく「変な千円札」に分類されます。

このように、実際に異常があるかもしれない時は、精密検査によって、どんな異常があるのか？ 他にも異常があるか？ 命にかかわるのか？ 産後すぐに治療が必要なのか？ などをしっかりとチェックする必要があります。調べてみた結果、なんでもないことも多いので、スクリーニング検査の時点で、あまりネガティブになりすぎないことが大切です。

遠藤先生の伝えたいこと

- 超音波検査は赤ちゃんと子宮内の健康診断が目的
- スクリーニングでひっかかってもむやみに心配しない

超音波検査で映し出されたモニターの映像を見ながら、赤ちゃんにトラブルがないかをチェックしていきます。

遠藤先生からひとこと

私のルーティーンでは、最後に性別の確認をすることが多いですね。

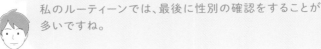

エコー写真ってどう見ればいいの？

妊娠が確定されたら、病院でやることは「超音波検査」です。ここでは、超音波検査のしくみからじっくりと解説します。

イルカを例にあげますが、イルカは海中で超音波を使って、さまざまな障害物との距離を測っていることをご存じですか？　実は、超音波検査はこのしくみを応用しているのです。超音波がきれいに見えるポイントとして、

1 距離が近い
2 水分が多い
3 硬いものが少ない

があげられます。羊水に満たされた子宮内の小さい赤ちゃんの観察には、1～3を満たす超音波検査がまさにうってつけなのです。さらにお母さんにも赤ちゃんにも影響が少ない点も、妊婦さんに使いやすい大きな理由です。そして、超音波検査を行った際におなかの中の様子を写したものがエコー写真です。病院でもらうエコー写真の多くは2D、つまり2次元画像となります。近頃は、立体的な超音波画像の3D、その3D画像を連続して観察する4D超音波というのも一般的なものになりましたが、診断的な意味というより、赤ちゃんの顔が実物により近く見えるため、サービス的な意味合いが強いです。

遠藤先生の伝えたいこと

- 超音波検査は妊婦さんと赤ちゃんにやさしい検査方法
- 今はより赤ちゃんがリアルに見える3D、4Dエコーもある

妊娠時期別エコー写真

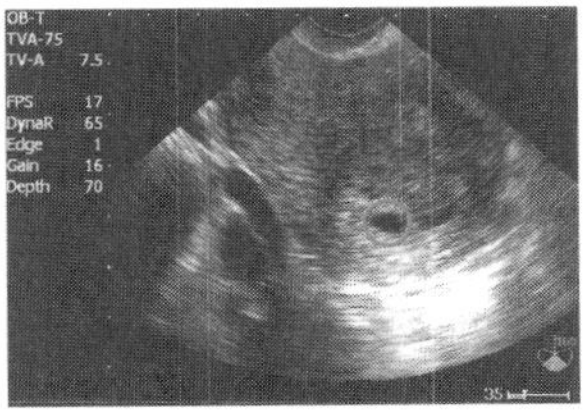

5週

中央黒い部分の豆状のものが胎嚢です

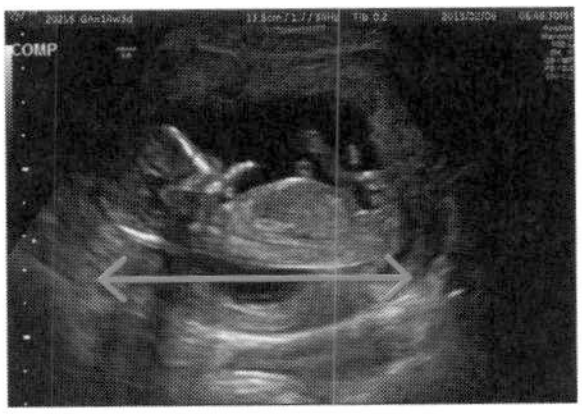

14週

頭殿長（とうでんちょう）から出産予定日を割り出します

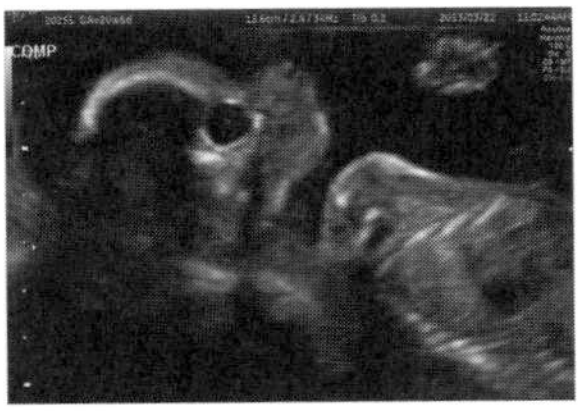

20週

赤ちゃんが大きくなってくると全身を写すのは難しく、各部位をクローズアップする形に

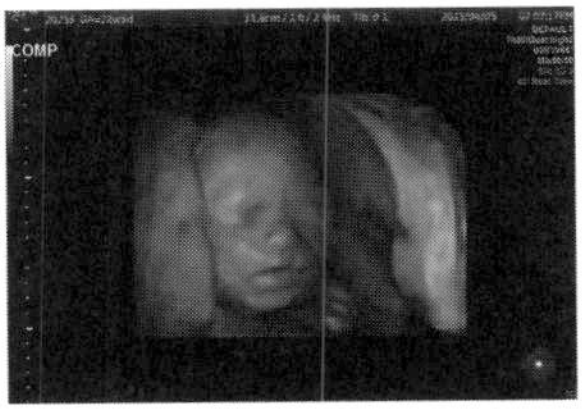

3D

３Ｄだと赤ちゃんの表情やしぐさなどもわかるくらいリアルに。妊娠20〜30週くらいでするのがおすすめ
（左の写真は22週）

エコー写真のアルファベットの解説

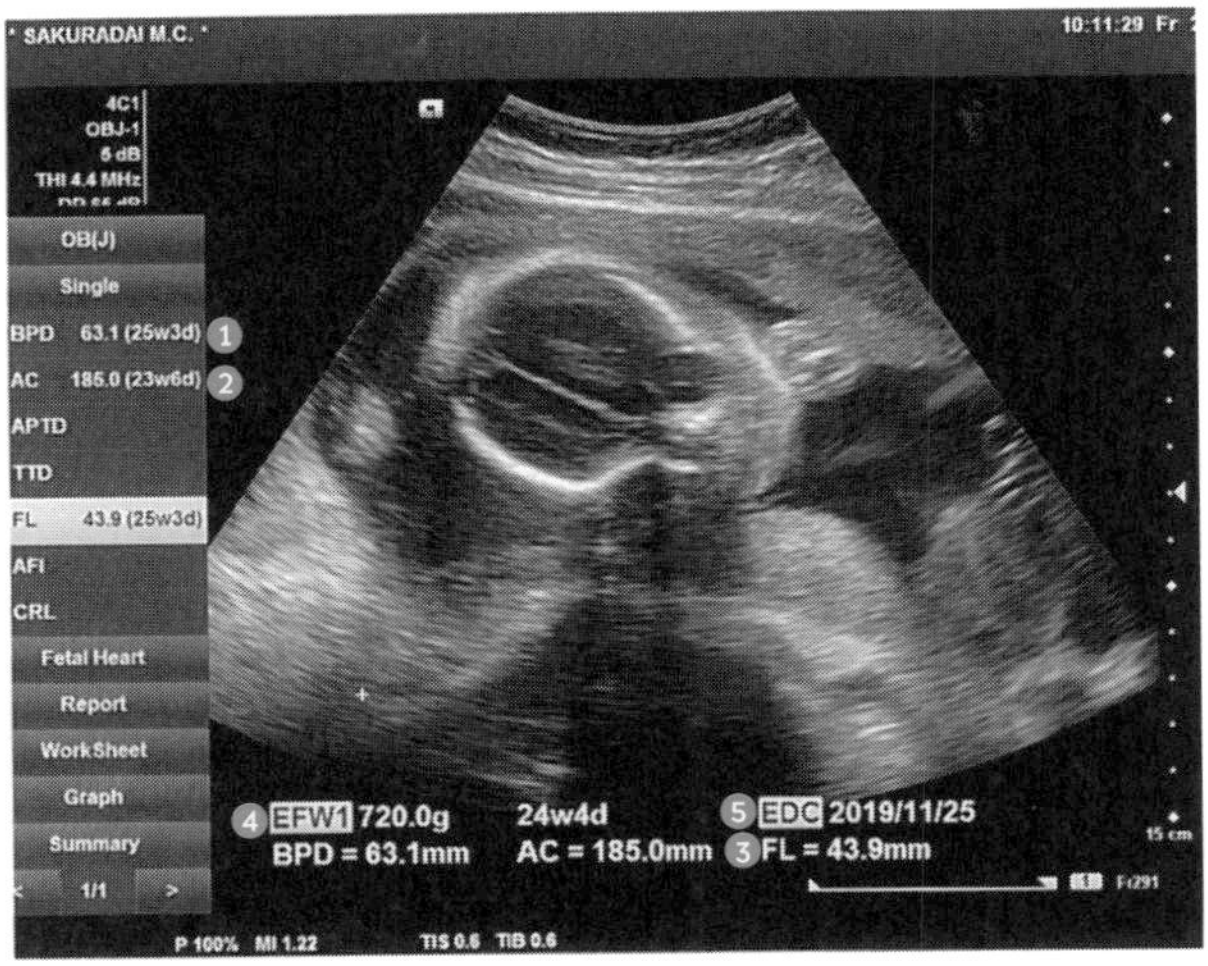

❶ **BPD（児頭大横径）**…
推定体重を計算する要素のひとつ

❷ **AC　APTD／TTD（腹囲）**…
※BPDと共通

❸ **FL（大腿骨長）**…
※BPDと共通

❹ **EFW（推定体重）**…
推定体重は球体+円柱で計算。結構アバウトなので±10%の誤差あり

❺ **EDC（出産予定日）**…
それぞれの測定値の横に推定週数が表示される場合も

〈その他よく出てくるワード〉
・GS（胎嚢）…赤ちゃんの袋
・CRL（頭殿長）…頭からお尻の距離
出産予定日を確認するために測定
・SD（標準偏差）…体重の大きさを表す指標。詳しくはP48を参照

遠藤先生からひとこと

最終月経から計算して、頭殿長（CRL）の週数が予定日と1週間以上のずれがなければ、予定日の変更は通常行いません。

妊娠中はなんで葉酸が必要？

妊娠中に葉酸は必要！　とはよく知られている話だと思うのですが、では、なんのために、どの時期に必要なのか、まだまだ周知されていないように感じます。このページでは、そんな葉酸のポイントについて解説します。

葉酸とはビタミンの一種で、ほうれん草やブロッコリー、アスパラガスなど、緑黄色野菜に多く含まれる栄養素です。その他、いちごやマンゴー、アボカドなどの果実や、肉類にも含有されています。

葉酸は細胞分裂に重要な役割を担います。人間の体は、たったひとつの細胞である受精卵から細胞分裂を繰り返し、何十兆個もの細胞により構成されます。だからこそ、妊娠中に胎児の体を作るための栄養素として重要なのが葉酸なのです。食事のみで葉酸を十分量摂取できればよいのですが、そもそも日本人の平均葉酸摂取量は推奨量に足りていないうえに、妊娠中は胎児の体を作るために推奨量がさらに増加します。加えて、食事から摂取する葉酸は全てが体内に吸収されるわけでもないので、妊娠中に必要な葉酸を食事だけで補うのはなかなか難しいのが現状……。そこで推奨されるのがサプリメントです。アメリカでは妊娠を希望する女性に、サプリメントで1日400～800μgの葉酸を補充することを推奨しています。サプリメントは名前のとおり、足りない栄養素を補充するためのものなので、自分の食生活から必要な量を考えましょう。

さて、妊娠と葉酸摂取について一番重要なのは、実は摂取するタイミングです。葉酸が一番必要になるのは胎児の体が形成される時期（器官形成期）で、**妊娠4～7週が特に重要です。**この時期の大きな変化として、**神経管の閉鎖というイベント**があります。脳や脊髄のもとになる神経管という構造物が作られ、それが餃子の皮を包むかのように閉じられます。葉酸不足に陥ると、このイベントがうまくいかないために、脊椎の間から神経を包む膜が飛び出てしまう二分脊椎や、脳が形成されない無脳症という異常をきたすことがあるのです。

しかしこの時期は、「生理が少し遅れたかも……」くらいのタイミングで、妊娠にすら気づいていない人も多いでしょう。となると、**葉酸は妊娠前からきちんと摂取したほうがよい**ということになります。妊娠を希望し始めたら、積極的に葉酸を摂ることを心がけていきましょう。

また、過去に二分脊椎症の既往がある方や、一部の抗てんかん薬を内服されている方は、葉酸の必要摂取量がさらに増えますので、妊娠を希望する際はかかりつけの医師に必ず相談するようにしてください。

でも、妊娠中にサプリメントを服用していなかったからといって必ず神経管閉鎖不全が起こるわけではありませんし、この異常はなにも葉酸不足だけが原因で起こるわけでもないことを覚えておいてくださいね。

遠藤先生の伝えたいこと

- 葉酸は胎児の体を作るのに重要！
- 葉酸摂取推奨時期は、妊娠前から適宜サプリメントを併用

遠藤先生からひとこと

葉酸以外にも妊娠中は鉄、カルシウムも摂りたい栄養素。鉄についてはP62をチェック！

妊娠
1〜4カ月
（0〜15週）

妊娠中に飲まないほうがいい薬はある？

妊娠中には薬を飲むべからず！　そんな話が、ネットで、あるいは医療機関でもまことしやかに叫ばれているのですが、実際に絶対に飲んではいけない薬（胎児の奇形を誘発することが証明されているもの）は、実はそれほど多くはありません。その中で、皆さんに身近で手に入りやすい薬として注意してもらいたいのは、痛み止めです。非ステロイド性抗炎症薬のエヌセイド（NSAIDs）に含まれる成分は、胎児にとって重要な血管（動脈管）を塞いでしまうため、妊娠中には別の薬で対応するようにしましょう（アセトアミノフェンがよく使用されます）。また、妊娠には腰痛もつきものなのですが、湿布薬の中にもNSAIDsが含まれるものがあるので注意してください。他に、胎児奇形との関係が指摘されているのがビタミンAです。市販サプリとしても手軽に購入できるし、実はレバーやうなぎにも多く含まれている栄養素です。世の中、なんでも加減が大事ですが、適量で抑えるようにしましょう。

その他のリスクが高い薬は、専門分野で使われるものが大半となります。困るのが、妊娠が判明したから薬を自己中断しました！　という判断をされる妊婦さんです（結構多い）。どんな薬にも、利益と不利益があります。その中で、有益性がどれだけ勝るかを各診療科の専門家が判断して、投薬しているのです。薬によっては急にやめると持病が悪化してしまうケースもあるので、妊娠が判明した時は、まず担当医に相談するのが一番です。自己判断は避けてくださいね。

　それに加えて、近頃非常に危機意識を持っているのがダイエット効果が期待できるとされる薬です。利尿剤や糖尿病薬がネット経由で入手できたり、オンライン診療で適用外処方されることも増えてきて、社会問題になりつつあるのです。胎児が一番薬の影響を受けやすいのは妊娠4～7週の器官形成期という時期なのですが、これは生理が遅れているかも？　くらいのタイミングです。結果、妊娠に気づかずもっともリスクが高い時期にダイエット薬を内服してしまいましたと相談された経験が、私にもあります。その薬が本当に必要なのか、そのまま妊娠しても後悔しないのかを、よくよく考えてくださいね。

　どうしても不安な場合は、国立成育医療研究センター「妊娠と薬情報センター」に相談することもできますので、参考にしてください。

遠藤先生の伝えたいこと

- 薬に不安がある時は必ず担当医に確認すること
- 国立成育医療研究センター「妊娠と薬情報センター」も参考に

遠藤先生からひとこと

ネットやドラッグストアで手に入る市販薬のほうがリスクが高いケースも多いです。

妊娠
1～4カ月
（0～15週）

つわりがムチャクチャ辛すぎる！

妊娠初期に待ち受ける体の変化の代表格といえば、つわりです。テレビドラマでお馴染みの、女優さんが「ウッ」となり顔色を変えて洗面所へ走っていく……、いわゆるアレです。主な症状は吐き気で、食事をとるのもままならないケースも多々あります。つわりの原因は、胎盤の一部である絨毛から作られるHCGというホルモンで、このホルモンが吐き気を誘発してしまうのです。

HCGの値のピークは、妊娠8～12週で、この時期が一番つわりがツラ～イ時期といえます。HCGは16週くらいから、かなり低い値に落ち着くので、それまで毎日トイレでゲロゲロ吐いていた人でも、徐々に元気になります。

つわりによって全く食事をとれない状況が続くと、体内の栄養素であるブドウ糖が足りなくなってしまい、肝臓内で脂肪酸からエネルギーを作るようになります。しかし、この方法でエネルギーを作り出す結果、ケトン体*というゴミが作られるのですが、実はこのケトン体がさらに吐き気を誘発させるという悪循環を作り出してしまうのです（妊娠悪阻《おそ》と診断がつきます）。そのため、体内にブドウ糖を切らさないように心がけることが重要です。人によってつわりの症状はさまざまで、飴玉・ジュース・フルーツ・炭水化物（ご飯やパン）など、口にできるものは異なりますので、食べられるものを食べられるだけ食べるようにしましょう。

また、つわり中に注意したいポイントは、

1 ビタミンが不足しやすい

＊ケトン体
体内のブドウ糖が足りず、肝臓内の脂肪酸からエネルギーを作り出す際に出る燃えカスのようなもの。吐き気を誘因する性質を持っている。ケトン量は尿検査や血液検査でわかる。

2 脱水により血栓が作られやすい

という2点。つわりでは糖分とともに、ビタミンも不足しがちです。食事で摂取できればよいですが、無理な時はサプリメントを併用して、ビタミンを切らさないようにしましょう。さらに、脱水により血液がドロドロしてしまい血の塊＝血栓ができやすくなってしまいます。これらの血栓が、肺の血管などに詰まると命にかかわる状況になりかねませんので、水分補給をきちんとするようにしましょう。

つわり中に乱れた食生活になるのはしょうがないのですが、つわりが軽快した後も、食生活がそのままになってしまう人が結構います。つわりが終わったら、きちんと栄養バランスを意識した食事を心がけましょう。

遠藤先生の伝えたいこと

つわりは妊娠12週くらいから落ち着くのでそれまで辛抱を！
つわりが終わったら栄養バランスを意識した食生活に

［つわりが起こるしくみ］

体内の脂肪酸からエネルギーを作ると現れるケトン体。これがさらなる吐き気を呼ぶことに。

［こんなつわりもある！］

ポテトやトマトなど、ひとつのものを集中的に食べたくなる場合や、頭痛や特定のニオイがNGになる場合も。つわりの症状と程度は十人十色です。

遠藤先生からひとこと

昔は、おばあちゃんが作った梅ジュースを毎日ちびちび飲んで、つわりを乗り切る妊婦さんも多かったようです。

妊娠
1～4カ月
（0～15週）

出産予定日ってどう決まる？

出産予定日と聞くと、まるでその日に必ず赤ちゃんが産まれるように思ってしまう妊婦さんは、結構多いです。「では、この前日から夫に休みを取ってもらえばいいですか？」なんていうのもよく診療中に受ける質問のひとつです。

大前提ですが、出産予定日は出産決定日ではありません。あくまでMaybe＝出産しそうな日なんです。

そもそも予定日は、生理周期が28日型の女性の最終生理開始日から十月十日《とつきとおか》（280日）で決定されます。これまでに蓄積されたたくさんのデータから、十月十日目で出産する確率が一番高かったため、そこを「出産予定日」というようになりました。ただ、予定日の前後で分娩になってもま～ったく問題はありません。実際に正期産の定義は、妊娠37週0日～41週6日（分娩予定日の前3週～後2週）と5週間も幅があります。この間のどこでお産になっても、全て正常なお産ということになるんです。

さらにこの出産予定日の算出法も28日型の生理周期の女性を基準にしているので、万人に当てはまるものではありません。皆さんご存じの通り、生理周期は十人十色。また、周期ごとに違ったりして必ずしも一定ではないですよね？　生理周期が長いほど、排卵も後になる傾向にあるので、生理周期が長い人の場合、当初算出した妊娠週数は、どうしても実際の週数とずれてきます（P35図参照）。

それを補正するために、赤ちゃんの頭からお尻の長さである、頭殿長（CRL）を妊娠10週

生理周期28日型と40日型ではこんなに違う！

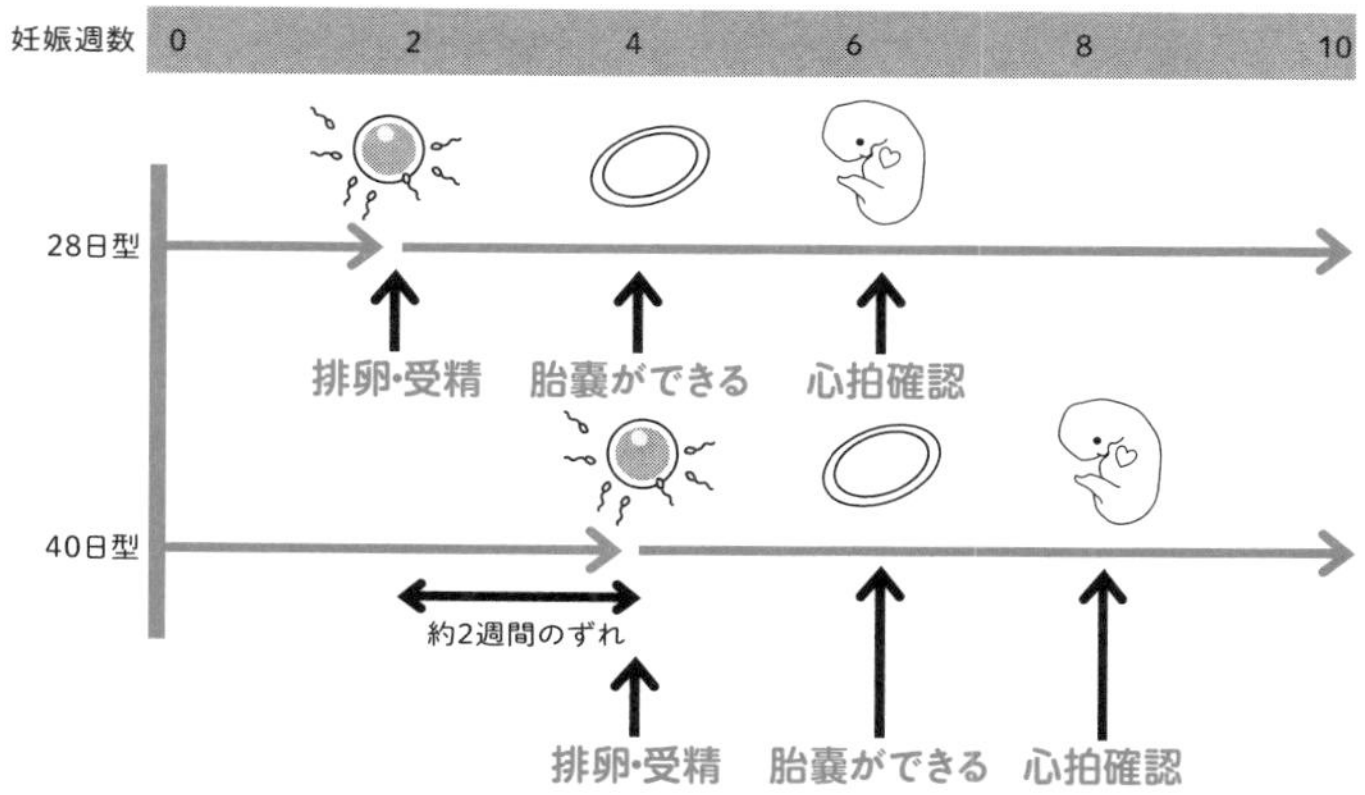

生理周期が28日型の人と40日型の人を比べた場合、2週間のずれが出てくるので、出産予定日もそれにつれてずれることに。そのずれを補正するため、妊娠8～11週頃に超音波検査で頭（Crown）、殿（Rump）、長（Length）を測り、出産予定日を割り出します。

前後の時に測って妊娠週数を計算し、そこから予定日を割り出します。多くの妊娠・出産本には、妊娠4週で胎嚢が見えて、6週で心拍が確認できて……という情報が書いてありますが、これはあくまで生理周期が28日型の女性の場合であることを覚えておいてください。

ですから、本の通りにおなかの赤ちゃんが成長していないからと、慌てたり不安になる必要はありません！　決して異常ではないことを理解してくださいね。

遠藤先生の伝えたいこと

▼ 出産予定日＝（Maybe）出産しそうな日と理解すべし！

▼ 出産予定日は、生理周期を28日型として算出している

遠藤先生からひとこと

出産予定日を変更すると、すごく不安がるお母さんが結構いますが、赤ちゃんの本当の週数がわかっただけ。むしろ喜ばしいことなんですよー！

初期と中期以降の「安静に」の違い

「しばらく安静にしてください」

出血やおなかの張りがあると、よく医師から言われる言葉ですが、こう言われたらどう過ごしますか？　とにかく食べる以外は寝る？　それとも激しい運動さえしなければ大丈夫そうだから気分転換にショッピングでも行っちゃいますか？　こんな風に、どれくらい安静にしないといけないのかわからないまま帰宅しちゃうケースが多々あります。

医師の私が言うのも何ですが、「安静に」って、非常に曖昧な言葉ですよね？　実はそもそも、妊娠初期と中期以降に言われる「安静に」は、意味が全く違うのです。

妊娠初期に安静を指示される多くのケースは、流産になりかかっている（切迫している状態なので、切迫流産といいます）*1 時です。流産とは、妊娠21週（6カ月）までに何らかの原因で赤ちゃんが亡くなってしまうことを指しますが、特に多いのが、妊娠12週くらいまでに流産になるケース。この時期に起こってしまう流産の原因は、もともとの染色体異常や赤ちゃん側に何らかの異常がある場合が多く、残念ながら流産を防ぐ手段はありません。つまり、妊娠初期の時に医師から言われる「安静に」とは、「残念ながら流産の可能性をゼロにはできませんが、遠出をしたり、運動のしすぎは控えてください」という意味なのです。

一方、妊娠中期以降は、切迫早産の時に言われることが多く、安静にすることが治療のひとつなんです。切迫早産とは、その名の通り「早

＊1 切迫流産
流産になりかかっている（切迫している）状態。ただし範囲は曖昧で、妊娠初期の出血や腹痛を自覚して病院を受診した妊婦さん全てに、もれなくこの病名が付いてしまいます。切迫流産と言われても慌てすぎないように。

＊2 子宮頸管
子宮の出口部分のことを指し、切迫早産は子宮頸管の長さ（子宮頸管長）を測定して診断されることが多い。正常4㎝前後、2.5㎝以下で切迫早産と診断される。

産になりかかった状態」で、赤ちゃんが想定外に早く産まれてしまいそうな状態のこと。日本では切迫早産に対して、子宮収縮を抑える内服薬や点滴を投与するのが一般的ですが、実は、安静にすることが一番効果的な方法だといわれています。四足歩行の動物と異なり、二足歩行のヒトは、普段でも膣に大きな荷重がかかっています。妊娠すると、さらに赤ちゃんの体重・羊水・子宮自体の重さがずっしりとのしかかることになり、この重さに10カ月間耐え続けるのが、たった4㎝の子宮頸管*2と呼ばれる部分。それや負担ですよね？　そのため、横になり安静を保つことで子宮頸管にかかる荷重を減らしてあげることが立派な治療になるのです。

重症の場合、入院になりますが、もし健診で指摘される程度なら、重いものを持たない・アクティブなスポーツは控える・おなかが張ったらベッドやソファーで休む程度でOKですよ。

遠藤先生の伝えたいこと

- 初期と中期以降では「安静に」の意味が違う
- 中期以降の場合は、「治療」と心得て

流産の種類と症状

種類	症状	出血	腹痛
化学流産	胎嚢が見える前に流産になる。流産自体に気づかないことも	△	×
稽留流産	子宮内に胎嚢が残っている状態。子宮内をきれいにする手術が必要な場合もある	△	△
進行流産	流産が始まり、胎嚢が排出される状態。痛みや出血が強い	○	○
不全流産	胎嚢は排出されたものの、子宮内に遺残がある状態	○	△
完全流産	妊娠組織が全て子宮外に排出された状態。完全流産後は症状は落ち着く	△	△

遠藤先生からひとこと

ちなみに妊娠後期の膣への負担は約5kgにも。
それを支える子宮頸管って健気だと思いませんか？

感染症チェックって大切？

B型肝炎・C型肝炎・HIVに風疹など、妊婦健診中にはさまざまな感染症のチェックをします。なぜこんなにたくさんの感染症のチェックをするのかというと、これらの病気は胎盤や産道を介して、おなかの赤ちゃんにも感染を引き起こす、母子感染の危険があるからです。感染時期や程度によっては、赤ちゃんにとても深刻な影響を及ぼしてしまうこともあるのです。

現在多くの感染症については、小児期の予防接種によって、感染や重症化を防ぐしくみが整っていますが、昔の制度だと予防接種が義務化されていないものもあり、今、まさに妊娠や出産をする年代の人々が、特定の疾患に対する十分な抗体を持っていないケースもあります。

特に風疹に関しては、昭和54年以前に生まれた男性については、予防接種の機会がなかったため、日本では先進国でありながらいまだ風疹が流行。先天性風疹症候群の発症の報告も他の先進国に比べて、多い状況となっています。

さて、妊娠中のお母さんが困るのが、「上の子どもがおたふく風邪にかかってしまった！」とか、「ママ友の子どもが水ぼうそうになった！」いうケースです。自分のおなかの子に影響がないのか心配になり、流行時には外来でもしばしば相談を受けます。多くのウイルスはせきやくしゃみから感染する飛沫感染や患部を触った時に感染する接触感染がおもな感染経路となるため、触らない・近づかない・手洗い＆うがいをしっかりと！　が自分への感染を防ぐ方法です。でも、自分の子どもがそうなった時

子どもがかかりやすい感染症

麻疹(はしか)
原因：麻疹ウイルス
症状：発熱・結膜炎・口腔内に白い斑点・赤い小発疹
母子感染の影響：流産・早産率の増加
予防接種：あり（定期接種・MRワクチン）

風疹(三日ばしか)
原因：風疹ウイルス
症状：発熱・赤い小発疹
母子感染の影響：難聴・白内障などの症状がみられる先天性風疹症候群になりやすく妊娠初期ほど高リスク
予防接種：あり（定期接種・MRワクチン）

水痘(水ぼうそう)
原因：水痘、帯状疱疹ウイルス
症状：発熱・水疱・膿ができてかさぶたになる
母子感染の影響：先天性水痘症候群の発症リスクがあり、出産直前の感染だと産後の赤ちゃんに発症し重症化することも
予防接種：あり（定期接種・水痘ワクチン）

りんご病(伝染性紅斑)
原因：パルボウイルス
症状：発熱・赤いほっぺ・足や腕に赤い斑点
母子感染の影響：胎児貧血、胎児心不全などが起こりやすく、20週未満での感染だと胎児死亡率が高い
予防接種：なし

おたふく風邪(流行性耳下腺炎)
原因：ムンプスウイルス
症状：発熱・唾液腺の膨張
母子感染の影響：流産率の増加
予防接種：あり（任意接種）

に触らない・近づかないというのはなかなか難しいですよね。

参考までに母子感染症の原因になる病気のうち、子どもがかかりやすい病気について上にまとめました。はしかの麻疹《ましん》ウイルスなどは感染力がとても強く、防ぎようがない！　という現実もありますが、きちんとワクチン接種をすることで、重症化を防いだり感染力を低下させることができます。

自分が妊娠した時のためにも、まわりのお母さんが妊娠した時のためにも、自分はもちろんパートナーや子どもの予防接種をしっかりしておいて、重症化や他人への感染リスクを減らしておくことがとても大切です。

遠藤先生の伝えたいこと

- 触らない・近づかない・手洗い＆うがいで、母子感染を予防
- 家族もしっかり予防接種をし、重症化や感染リスクを減らす

遠藤先生からひとこと

感染症の流行はよくニュースになるので、きちんとチェックしておきましょう。

知っておきたい出生前診断のこと

近年、出生前診断を希望される方が増えてきました。しかし、一体何のための検査なのかよくわからないままに「友達もやったから検査をしたい！」という妊婦さんも、同時に増えてきたように感じます。

実は普段健診で行っている超音波検査も立派な出生前診断なのですが、混乱が起きてしまうので、この項では採血や処置による検査に絞って、説明しますね。

現在行われている各種検査一覧をP41表に示しますが、読者の皆さんの中には出生前診断をすれば、赤ちゃんの異常や病気が、全てわかると思っている人はいませんか？　残念ながらそうではないんです……。これらの検査で見ているのは、あくまで染色体異常が中心です。

生物の授業で習ったと思いますが、染色体とは、お母さん、お父さんから23本ずつ受け継ぎ、合計46本からなります。この本数に異常をきたしてしまうのが染色体異常で、代表的なものに、21番染色体が1本多いダウン症候群（21トリソミー）や18番目の染色体が1本多く、生後1年以内に亡くなることが多い18トリソミー、性別を決定する染色体が1本足りないターナー症候群などがあげられます。しかし、たとえ染色体異常がなくても、赤ちゃんに何も異常がないわけではありません。単独奇形（単体の臓器や組織の奇形のこと）の場合などは出生前診断で発見することは困難です。

さらに注意したいのは、染色体異常を確定診断するには、羊水（もしくは絨毛）検査が必須で

出生前診断の種類

検査名	母体血清マーカーテスト・トリプルマーカーテスト・クアトロテスト	新型出生前診断（NIPT）	羊水／絨毛検査
説明	採血により、複数のマーカーと年齢から対象疾患の確率を算出	胎児のDNAの断片を解析して検査方法や結果についての詳細な説明は相談をしやすい、日本医学会の制定する認可施設で受けることをすすめます	超音波で胎児や羊水の位置を確認しながら、穿刺針を子宮の中に入れて羊水を15mℓほど採取。採取した羊水中の胎児細胞を培養し、染色体の数などを調べる。1／300～1／1000の確率で流産を引き起こす
費用	数万円	20万円前後	数万～20万円
検査可能期間	15～21週（通常17週まで）	10週以降	15週以降
わかる異常	ダウン症候群、18トリソミー、神経管閉鎖不全	ダウン症候群、18トリソミー、13トリソミー	染色体異常

あるということです。採血で行う出生前検査はいくつかありますが、どれも診断率100%ではないため、最終的には羊水を抜き取って、赤ちゃんの細胞を直接検査しないといけません。羊水検査となると、費用もかかるうえ、子宮に針を刺すため、300分の1～1000分の1くらいで流産リスクがあります。そのリスクを冒してまで染色体異常を知りたいのか、診断が確定した時にどうするかを、事前にパートナーと相談してください。

日本では、人工妊娠中絶が妊娠21週6日までの期間で、法的に許可されています。羊水検査の結果が出るまでの時間を考えると、どの検査も妊娠17週までに受けるようにしましょう。

遠藤先生の伝えたいこと

- 検査の前にパートナーとじっくり相談をすることが大切！
- いずれの検査も100%でないので確定診断のためには羊水検査が必須

遠藤先生からひとこと

出生前診断で大切なのは、パートナーと話し合うこと。
特に異常があった場合をよ～く考えてくださいね。

妊娠糖尿病ってなんでなるの？

妊娠中は、結構厳しく血糖のチェックをされます。病院によっては血糖や体重の管理にものすごく厳しい助産師もいて、トラウマになってしまう妊婦さんも結構多いようです。

そもそもなんですが、皆さんは糖尿病についてご存じでしょうか？「尿に糖が出る病気でしょ？」なんて思っているかもしれませんが、実際は血液中の糖分が高いことでさまざまな症状を引き起こす病気です。妊娠中でなくても、命にかかわることもあるんです。

妊娠中というのは、胎盤から作られるヒト絨毛性ゴナドトロピン（HCG）やヒト胎盤性ラクトーゲン（hPL）というホルモンのせい（難しいので覚えなくてよし！）で血糖値が上がりやすくなり、そうなると、胎盤を通して赤ちゃんが高血糖にさらされ、巨大児になったり、死亡の原因になったりするんです。ですので、国のガイドラインでは、妊娠初期・中期にしっかりと血糖のチェックをするように定められています。

でも、「なんで妊娠中に高血糖になる必要があるの？」と思いませんか？　なんでわざわざ胎盤からインスリンの働きを邪魔して、赤ちゃんを危険にさらすようなしくみが存在するのか？　私たちの体が昔より、病気になりやすく変化したんでしょうか？　違うんです……。体が変わったんじゃない！　変わったのは私たちの生活なんです‼

この血糖値を上げるしくみは、しっかりと赤ちゃんに栄養（糖）を運ぶために私たちの体にもともと備わっていた大切なもの。さらにいうと、食べ物が十分になくてもなんとか赤ちゃんを育てることができるように体に備わっている能力なんです。

少し話が変わりますが、以前、わが家では祖父母から娘にプレゼントされた『まんが日本昔ばなし』のDVDが連日上映されていたのですが、そのDVDを見て実感したのが、昔は「大根1本、ご飯1杯が立派なごちそう」で、牛丼1杯400円、ハンバーガー200円、なんてジャンキーなものはなかった……ということ。こんな短い期間に味覚は慣れても、人間の体はジャンキーな食べ物に適応できるわけはないんですよ。

そんなわけで、妊娠中に発症する糖尿病「妊娠糖尿病（GDM）」はイマドキの妊婦さんにとって避けることのできないリスクになってしまったのです。このリスクを避けるには、妊婦健診でキッチリと血糖のチェックを受けることが大切。ちなみに血糖値を上げやすいのは米・パン・イモなどの炭水化物、コーラ・スポーツドリンク・ジュースなどの清涼飲料水、そしてお菓子たち。くれぐれも気をつけてくださいね。

妊娠中に行う血糖検査

検査名	説明	検査時期
随時血糖	食事に関係しない血糖値を検査。ただし検査直前に血糖が上がりやすい食べ物（ご飯、菓子パン、コーラなど）を摂取すると、検査にひっかかることもあるので要注意	妊娠初期と場合によっては妊娠中期（24～28週）
50gGCT（グルコースチャレンジテスト）	ブドウ糖50g（甘い炭酸水のような値）を飲んで1時間後の血糖を測定	施設によるが妊娠中期（24～28週）
75gOGTT（空腹時経口ブドウ糖負荷テスト）	随時血糖、50gGCTのどちらかにひっかかった時に行い、妊娠糖尿病か診断するための検査。ブドウ糖75gを飲んで、検査前、1時間後、2時間後の血糖値を測定。空腹時（4時間以上食事をしない）に検査を開始する	ケースにより検査時期は異なる

遠藤先生の伝えたいこと

妊娠中は血糖値を上げる働きが強まるので初期と中期に血糖の検査を行う

遠藤先生からひとこと

血糖を上げにくくするには、ゆっくり食べる・炭水化物を減らす・1回の食事量を減らし、食べる回数を増やすのが有効！　毎日の食事を記録するのも◎。

お産取り扱い施設のメリット・デメリット

赤ちゃんの心拍が確認できたら、次は、分娩する施設を探しましょう。最近では、人気の施設だと分娩制限を設けるところも多く、早めの予約が必要です。施設によっては、人気アーティストのコンサートチケット並みに予約がいっぱいで受け付けてもらえないところもあります。

日本では大学病院から産院、助産院までさまざまな施設でのお産を選ぶことができるので、迷ってしまうかもしれません。

医師の立場からみて、できるだけ外してほしくないポイントとしてあげるなら、自宅から通いやすい施設・自分の妊娠のリスクを許容できる施設を選ぶという点です。ちょっと辛口になってしまうかもしれませんが、各施設のメリットとデメリットを解説します。

大学病院・総合病院

メリット

最大のメリットは、他の診療科との連携が取りやすく、妊娠中に起こるさまざまな合併症に対して迅速かつ最良の治療が可能という点。また勤務する医師も多く、知識や技術も高いレベルで平均化しています。膠原病や心臓病などの合併症を持った人、以前の出産で常位胎盤早期剥離や子宮破裂など大変なお産を経験した人は、これらの施設をおすすめします。

デメリット

規模が大きいだけに病院全体のルールがあり、融通がきかないことも。例えば母子同室ができなかったり、立ち会い出産ができないなどです。さらに食事についてもいわゆる「病院食」という感じのものが多いです。ただ、最近は総合病院でもルールを緩めている病院も。また、大学病院は「教育」の役割も担っているので、リスクが低い出産や手術は若い医師の執刀で行うことも。もちろんチームで手術や診療にあたるので心配はいらないですが。

産院

メリット

病床数が19床以下のいわゆる個人開業医のことで、最近はきれいでホテル並みの豪華な食事を提供する施設も増えてきました。またマタニティヨガや産後の無料エステ券をつけるなどの施設も多いようです。お産進行中の多様なトラブルのほとんどに対応でき、吸引・鉗子分娩や帝王切開による赤ちゃんの救命処置を取ることが可能です。さらに産院の方針次第ですが、母子同室や立ち会い出産などにも比較的柔軟に対応しています。自分がやりたいお産があり、かつ安全性もキープしたい妊婦さん向き。

デメリット

個人病院がほとんどで、スタッフは少数である傾向に。常勤医は数人で、外来や当直は近隣の大学病院などから応援を呼んでいるケースが多いです。また、お産に対する考え方が病院独自のものになりやすいので、自分のお産に対する考え方と大きな隔たりがないか、前もって把握するようにしましょう。さらに、実は産院でも帝王切開はやっていません！　という施設もあります。その場合は近隣施設としっかりと連携が取れているか確認をしてください。

助産院

メリット

助産師が経営し、医師がかかわらないお産施設。基本的には医療介入ができないため、産科医としてあえて言わせてもらうと、他の施設と比べ医療的なメリットはありません。あくまでリスクがあっても自分の理想のお産がしたいという人向けです。

デメリット

前述したように、医療介入できないのが最大のデメリットです。施設に置くことのできる薬剤や検査器材も限られていて、たとえ医師が助産院でお産に携わったとしても、病院や産院と同じレベルの医療を提供するのは不可能だと思います。さらに全ての助産院がそうだとは言いませんが、知識や対応が非常に偏っていて、現在のガイドラインとかなり乖離した対応をする施設も。また助産院には、非常時に連携する嘱託医を契約することが義務づけられているのですが、嘱託医とは名ばかりで実際にはほとんど連携が取れていない場合もあるようです。助産院でのお産を希望する場合は、少なくとも緊急時に搬送できる施設がどのくらいの距離にあるか、年間何件のお産を取り扱っているか、そのうち何件くらいが緊急搬送となるのかなど、安全面について十分に確認を。また妊娠中に2〜3回は提携施設での医師による妊娠経過のチェックを行い、嘱託医としっかり連携が取れている助産院を選んでください。

妊娠
5〜7カ月
(16〜27週)

妊娠中期の妊婦さんと赤ちゃんの変化

つわりも治まり体調も安定しアクティブになる時期。食欲も旺盛になるので体重管理などに注意して妊娠生活をエンジョイ!

5カ月(16〜19週)

胎動を感じ始め 赤ちゃんの存在を実感

個人差はありますが、胎動を感じ始める時期。胎動があったら、赤ちゃんに積極的に話しかけてみてください。

妊婦さんの様子

バストや おなかが サイズアップ

子宮が大人の頭ほどになり、外からでも妊婦だとわかるように。乳腺が発達するのでバストも大きくなり始めます。

注意したいこと

- 貧血が表面化しやすい時期 食生活やサプリの見直しを
- 乳腺を発達させるには きつい下着はNG
- 胎動があったら たっぷり話しかけて

赤ちゃんの様子

4頭身になり、髪の毛や つめが生え始める

4頭身に。骨格や筋肉も発達し、手足を動かすなど動きも活発に。髪やつめも生えます。

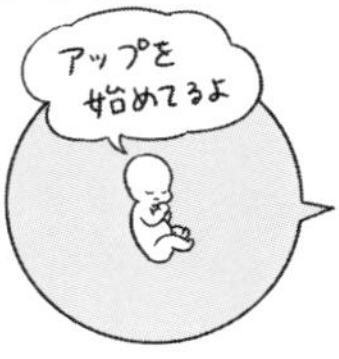

約19週の大きさ目安

大きさ 25cm / 体重 280g

6カ月(20〜23週)

妊娠生活にも慣れ 楽しさも感じられる

つわりなどもすっかり治まり、行動範囲も広がる時期。体重が増えすぎないよう注意しながら「今」を楽しんで。

妊婦さんの様子

腰痛などの マイナー トラブルに ご用心!

おなかは大人の頭よりひと回り大きくなって前にせり出してくるので、腰痛や足のつりなどのトラブルにご用心!

注意したいこと

- 妊娠生活を存分に楽しんで
- 腰痛や足のつりなど小さなトラブルに気をつけて

赤ちゃんの様子

性別や顔立ちが超音波で わかるように

まぶたなど顔のパーツがはっきりしてくるので顔立ちがわかるように。また性別も判明。

約23週の大きさ目安

大きさ 30cm / 体重 700g

遠藤先生の体験談

「性別が変わった!?」

7カ月（24～27週）

まだ動ける今のうちに出産前後の準備を

体力的にも精神的にも安定している時期。出産前後で必要になるものをリストアップし、今のうちに揃えましょう。

妊婦さんの様子

便秘や痔、尿漏れなどに悩むケースも!

大きくなったおなかやホルモンの影響で便秘や痔、腰痛などが発生。また妊娠線ができやすい時期なのでケアを。

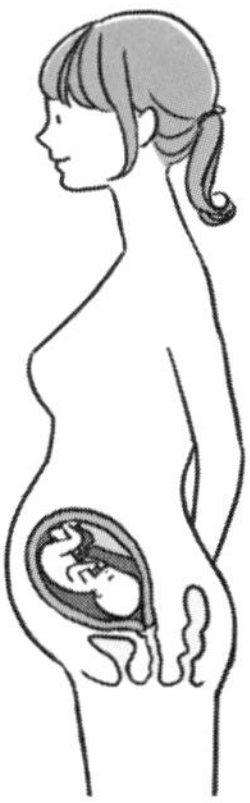

注意したいこと

- 人によっておなかが張りやすく、便秘や痔、腰痛などのトラブルに注意!
- 水分をしっかりとるように
- 仰向けがつらい時は抱き枕を活用し横向き寝に

赤ちゃんの様子

羊水の中をぐるぐる動く姿も

脳が発達。自分で向きを変えられるので、羊水の中をぐるぐる動く姿が見えることも。

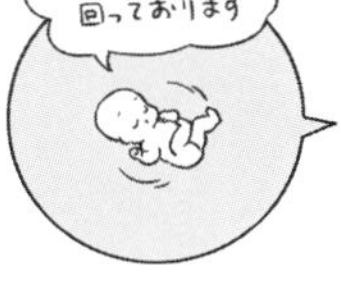

約27週の大きさ目安

大きさ 38cm／体重 1200g

赤ちゃんの**推定体重**は、どう量るの？

皆さんの関心が高い赤ちゃんの大きさ、いわゆる推定体重は、妊娠6カ月くらいから測定できるようになります。妊娠後期になると、毎週のように超音波検査を行い、赤ちゃんの体重を教えてくれる病院が多いのですが、体重が増えているのを楽しみに健診に来たら、体重が増えてないばかりか、逆に減ってしまうこともよくあり、不安を感じてしまう人が結構多いですよね。

しかし、安心してください！　実は推定体重って、いい加減なんです。その理由は、体重を算出する計算方法にあります。推定体重の算出は、赤ちゃんを、「球体＋円柱」の体積に近似させて、割り出しています。つまり、皆さん学校教育で習ったであろう数学の計算式を、赤ちゃんに応用しているだけなんです。そのため、完全な円形になっていないことがほとんどの妊娠後期のおなかでは、腹囲を正確に測れず、推定体重はブレやすいのです。ですから、妊娠後期で、推定体重があまり増えていなくても、多

推定体重の出し方

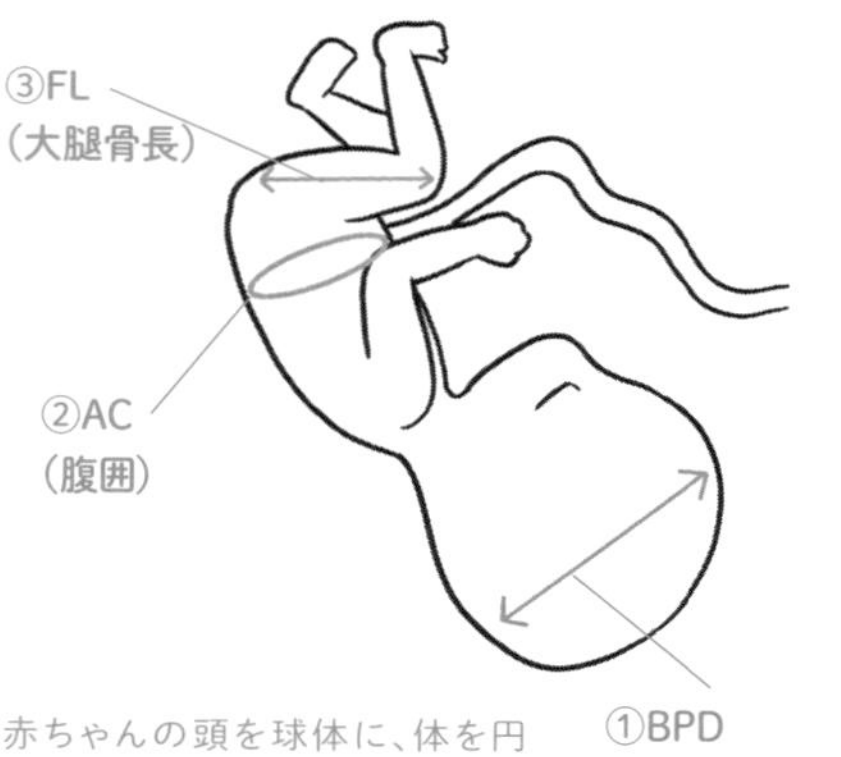
③FL
（大腿骨長）
②AC
（腹囲）
①BPD
（児頭大横径）

赤ちゃんの頭を球体に、体を円柱に見立て、超音波で①BPD、②AC、③FLの長さを測り、そこから体重を算出します。

少小さくても、お医者さんは「大丈夫ですよ～」とサラッと言ってしまうのです。

ちなみに体重や各部分の大きさというのは、「標準偏差」というもので判断します。標準偏差とは、100人のクラスで身長測定をした時の平均からの数値のバラつきのこと。平均身長より2～3cm低くてもそれは別に異常ではないですよね？「私、平均より1cm小さいから栄養失調かも!?」なんて心配する人は、まずいないと思います。しかし、赤ちゃんのことになると、平均よりも少し小さかったり大きいだけで不安を感じるお母さんが多いもの。現在の産科健診では100人中95人が入るくらいの誤差は個性の範囲という判断になっています。

ちなみに、私の子の場合ですが、「頭が大きくておなかが小さい」という状況で、結構心配になったものです。標準偏差でいうと、頭が100人中95人に入らないくらい大きく、逆におなか回りが100人中65人に入らないくらい小さかったのです。頭が大きいお子さんは結構いるし、逆に頭は小さい場合のほうが、染色体異常の可能性が高くよほど注意しないといけない所見なため、ほぼ問題ないのですが、わが子のことになると、やっぱり心配になってしまったのです（親バカですね）。

結局、当時の教授にも見てもらったのですが、「大丈夫、大丈夫」と笑われてしまいました。やっぱり自分に近ければ近い存在の診察ほど、正常な判断はできないものだなあと実感しました。

遠藤先生の伝えたいこと

- 赤ちゃんの推定体重は妊娠6カ月頃から測定できる
- ただし結構いい加減なので、それで一喜一憂しなくてOK

遠藤先生からひとこと

妊娠後期には推定体重がなかなか増えず、ノイローゼ気味になる妊婦さんも。これまでの体重を表にしてみるなど、大きな視野で見ると不安も減ると思いますよ！

どのくらいが太りすぎ？ 妊婦の体重プラスマイナス

妊婦さんの体重管理について、ポイントになるのはズバリ妊娠前の体格。もともとすごくやせている人と、体格がいい人とが、妊娠中に増えてOKな体重が同じ、というわけにはいきません。

まずはご自分の妊娠前の体格を把握するために、BMI（Body Mass Index）の数値を計算してみましょう。計算方法は小学生でもできる簡単なもので、BMI＝体重（kg）÷身長（m）÷身長（m）となります。身長をcmではなく、mで計算するもので、150cm、45kgの女性だと、

45（kg）÷1・5（m）÷1・5（m）＝20という感じです。

BMIは18・5未満がやせ型、18・5～25が普通型、25以上が肥満型となります。日本産科婦人科学会では妊娠前のBMIに応じて、妊娠中の総体重増加量の目安を定めています。左表から自分が妊娠した時の、丁度いい体重増加量をチェックしましょう。

ただ、体重管理についてはとてもゆる～い病院もあれば、モデル並みに厳しくする病院も（私自身もそのような病院で働いた経験がありますが、毎回体重管理のことを注意され、健診に来なくなってしまった妊婦さんもいました。毎週体重の増減を気にしすぎるのはちょっとやりすぎのような気がします）。

そこで、私なりの体重増加量のチェック方法をお伝えします。まず、妊娠期間をつわりが落ち着くまで（～12週）・中期（20週前後）・後期（30週前後）の3つに分け、それぞれの時期に体重

増加量を見直します。ちなみに、つわりが落ち着くまでは、食事や体重についてはあまり気にしないのがコツ。つわりの項（P32）で説明した通り、この時期は体重のことは考えず、食べられるものを食べることが大切です。つわりが治まったら栄養バランスをきちんと考え、妊娠中期で一度体重の総増加量をチェックしましょう。増えすぎていたら、妊娠後期までに理想の増加量になるように食事のバランスを整えてください。

ただ間違えてほしくないのですが、ダイエットはしてはいけません。

妊娠中期までに体重が増えすぎた人は、後期に向けて体重を維持することを目標にしましょう。また後期から、急に体重が増えてしまう場合は、後で説明する妊娠高血圧症候群になっている可能性もあるので、体重よりもむくみや血圧の変動をこまめにチェックして。逆に体重が増えなくて悩んでいる妊婦さんは、それほど気にしなくて大丈夫です。

妊娠中にどのくらい増えても大丈夫?

体格区分	推奨体重増加量
やせ（BMI18.5未満）	12～15kg
普通（BMI18.5以上25未満）	10～13kg
肥満1度（BMI25以上30未満）	7～10kg
肥満2度以上（BMI30以上）	個別対応（上限5kgまでが目安）

出典：産婦人科診療ガイドライン　産科編2023

遠藤先生の伝えたいこと

- 体重増加は、妊娠初・中・後期できちんとチェック
- ダイエットは絶対にしちゃダメ！

遠藤先生からひとこと

体重が増えず、赤ちゃんが栄養失調になるかも……と心配するお母さんもいますが、赤ちゃんを育てるには、1日300kcal（おにぎり2個分）あれば、十分なんですよ♪

妊娠中の肌トラブルの解決策

「かゆみが止まらない」「おなかに赤い発疹《ほっしん》ができた」「妊娠線ができちゃったらどうしよう」と、妊娠中は肌トラブルにまつわる悩みが多いですが、なかなか外来では相談しにくいですよね。ただこれらのトラブルってコレといった対処法がないのも事実。実際に私も相談されたとしたら、「それはですね……」と、返答に困ってしまう時もあるんです。

皮膚のかゆみや発疹については、妊娠性皮膚掻痒症《そうようしょう》や妊娠性痒疹《ようしん》という立派な病名はあるものの、原因はよくわかっていません。出産後に落ち着くことが多いのですが、いずれも妊娠中は対症療法しか方法がなく、保湿・かゆみ止め・ステロイド*1などで対応していきます。保湿については発症前から市販の保湿剤や白色ワセリン*2などで対応ができるので、予防的な意味も含めてこまめに保湿剤を使っていきましょう。

また皮膚の保湿は、妊娠線の予防にもひと役買います。妊娠線は大きくなった子宮により皮膚が引き伸ばされて、皮膚が裂けてしまうのが原因です。もともとぽっちゃりタイプの人や、皮膚が乾燥しがちな人に妊娠線ができやすいといわれています。100％防げるわけではないですが、初期の頃から妊娠線予防クリームや白色ワセリンでスキンケアすると、妊娠中の肌のさまざまなマイナートラブルを防げると思います。

遠藤先生の伝えたいこと

- 妊娠中の皮膚トラブルは原因不明なことが多い
- 保湿クリームや白色ワセリンで皮膚のケアをしておくと◎

*1 ステロイド
副腎皮質ホルモン。炎症や免疫を抑える働きがあり、アトピー性皮膚炎、膠原病、喘息、がんの末期患者にまで、医療界で幅広く使われている薬。産科では赤ちゃんの肺成熟を促すためにも使用。妊娠中は使用しても弱めのものを。

*2 ワセリン
ボクサーの顔が切れた時にべったり塗ることでも知られる。皮膚の健康のためには保湿が重要。保湿には化粧水よりもワセリンのほうが効果があるという声も。

妊娠線ができやすい箇所

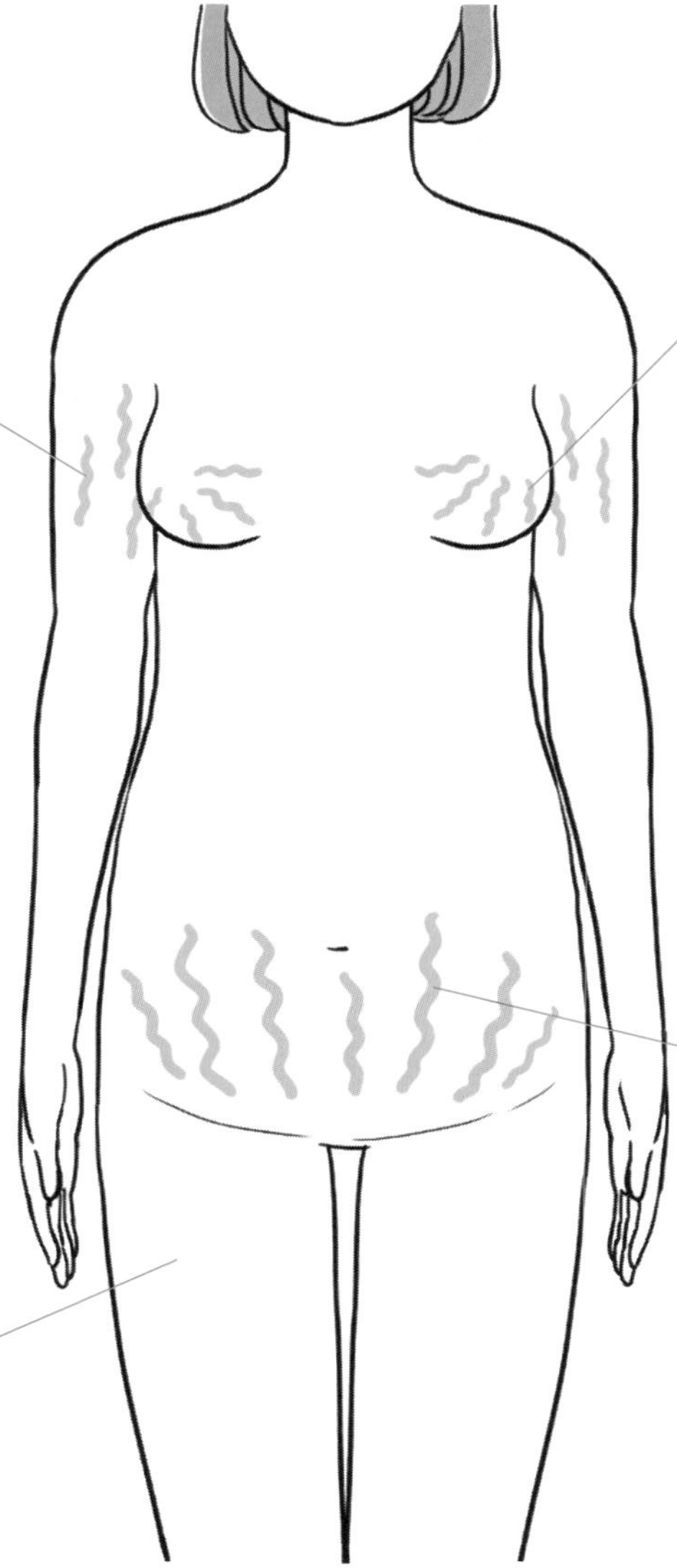

二の腕
二の腕の裏側などもできやすいので保湿ケアを

バスト
バストサイズがアップする5カ月以降は要注意

おなか
おへそから下が見えづらくなるため、ケアを忘れがちに

お尻、太もも
見えづらいお尻や太ももの裏側にも出やすい

遠藤先生からひとこと

うちの奥さんは、31週で妊娠線ができたそう。予防しようとしてもできる時はできてしまうから、それほど気にしないように。

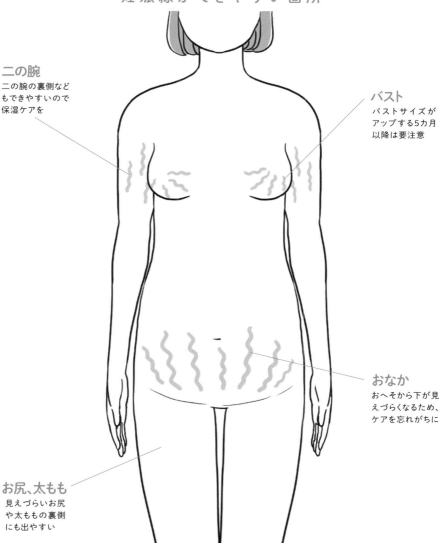

妊娠
5〜7カ月
（16〜27週）

タバコって赤ちゃんにどんな影響があるの？

「タバコがやめられない」「妊娠したのにパートナーが禁煙してくれない」など、タバコに関するさまざまな悩みがあると思います。タバコはハッキリいって「百害あって一利なし！」。喫煙（受動喫煙を含む）によって、不妊・子宮外妊娠・流産・早産・死産・前期破水・常位胎盤早期剥離・前置胎盤・胎児奇形・低出生体重児・乳幼児突然死症候群など、妊娠・出産で起きうる異常の確率が、軒並み増加する傾向にあります。タバコを吸う妊婦さんはあまりいないと思いますが、他人の吸ったタバコの煙を吸い込む受動喫煙についても、注意してください！

タバコには、化学物質が4000種類以上含まれており、なんと200種類以上は人体にとって有害なんです。さらに有害物質の多くは、タバコの点火部分から出る副流煙にあります。だから、「自分は吸わないから大丈夫」と涼しい顔ができないのです。

特に有害なのがニコチン。これは血管を収縮させる作用があります。赤ちゃんとお母さんをつなぐ胎盤は血管の塊でできているため、ニコチンの血管収縮作用で、赤ちゃんが慢性的な栄養不足となり、体重が増加しにくくなります。喫煙本数が1日5〜20本の場合で250g、20本以上では350g体重増加が抑制されたという報告もあるほど。たった350g？　と思うかもしれませんが、出生時の赤ちゃんの体重が約3000gと考えると、1割以上体重が少なくなるので、かなり大きな値です。

もうひとつの化学物質が、一酸化炭素（CO）

です。一酸化炭素というと、ガス漏れなどで中毒者が出たニュースや練炭による自殺などの原因として、耳にしたこともあるかもしれません。一酸化炭素は血中の酸素を運ぶヘモグロビンと、非常にくっつきやすく、酸素が体内に回るのを邪魔してしまいます。その結果、呼吸はできるのになぜか苦しいという事態に……。おなかの赤ちゃんも同じで、慢性的な低酸素状態が続くため、**脳の発達に悪影響を及ぼす可能性も否定できません。**

妊娠中だけでなく、その後の子育てにおいても脳の発達や健康に悪影響を及ぼすことがわかってきているので、妊娠を機に本人はもちろん、パートナーも禁煙することが大切です。ちなみに私は非喫煙者ですが、禁煙する際は、徐々にタバコの本数を減らしても、成功率が非常に低いことが証明されています。なるべく家族揃って、スパッとやめましょう！

遠藤先生の伝えたいこと

受動喫煙を含むタバコは、百害あって一利なし！ 産後の赤ちゃんにも悪影響を及ぼすので、家族で禁煙を

遠藤先生からひとこと

赤ちゃんを危険にさらさないよう、タバコは家族で一斉にやめるのがベストです！ 電子タバコについて言及してOKでしょうか？ 同様に控えるのが無難です。

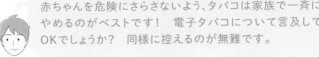

妊娠 5～7カ月
（16～27週）

腰痛や便秘、足のつり、まるで体は老人!?

妊娠中は、おしっこが近い、便秘になりやすい、足はつりやすい、他にもさまざまな体の変化が起こり、いつもどこかが「痛い」と言っている老人のような気分になってしまうことでしょう。なにせおなかの中で、もうひとり育てているんですから無理もありません。なかでも最も大きな変化としてあげられるのが、子宮や赤ちゃんの変化です。

赤ちゃんは3kg、羊水と子宮を合わせると5kgにもなります。もともとの子宮の重さは約50gですが、10カ月で100倍以上の重さになるのですから、凄まじい変化です。大きくなった子宮に膀胱や腸が押され、頻尿や便秘の症状が表れます（便秘はホルモンの影響もあります）。

また、妊娠中は血液の濃度さが薄くなり、量が多くなります。総血液量が1・5倍になるため、心臓が頑張らなければならず、動悸や息切れが起こりやすくなります。

また、出産時の出血に備え、血液が固まりやすくなるので、妊娠中期以降から血栓症のリスクが上昇します。予防としては、水分を十分にとること、足の筋肉を頻繁に動かすようにしてくださいね。

遠藤先生の伝えたいこと

妊娠中期は何らかの不調がつきもの
妊娠中の血栓症予防には
水分補給と足の運動を

遠藤先生からひとこと

さまざまな種類の腰痛ベルトが売っているので、試してみても。買う前に試着することをおすすめします。

妊娠中って歯の治療をするべき？

妊婦健診の無料チケットの中に歯科健診が含まれているのを知っていますか（自治体によってない場合もありますが……）。これは自治体からの「妊娠のご祝儀」の意味でもらえるものではありません（笑）。

ではなぜかというと、妊娠期間中は、しっかりと歯の状態のチェックと治療をしてもらいたいから。でもなんで？ と思った妊婦さんも多いはず。パッと見、「妊娠と歯」って関係なさそうなイメージですよね。実は、妊娠中はホルモンバランスの変化やつわり中の脱水によって、唾液の量が減り、歯周病や虫歯が悪化しやすいからなんです。私の奥さんも妊娠中の歯科健診で虫歯が見つかり、しっかりと治療しました。

「もし虫歯が見つかったら治療をしても大丈夫なの？ 麻酔や痛み止めは赤ちゃんに影響はないの？」と思うかもしれませんが、基本的には局所麻酔の量や、抗生剤が赤ちゃんに影響を与えることは、まずないと考えてOK。それでも心配な人もいると思うので、念のために薬剤の影響が少なくなる16週頃から健診と治療を行うといいですよ。

遠藤先生の伝えたいこと

- 妊娠中は唾液量が減るので、歯周病や虫歯になりやすい
- 16週を越えたら歯科健診へ。無料チケットをチェック

遠藤先生からひとこと

最近は、妊婦さんの歯周病や虫歯で早産や赤ちゃんの体重が少なく育ってしまう可能性を指摘する研究論文もあります。日頃から歯の健康に気を使ってみてください。

妊娠
5〜7カ月
（16〜27週）

安定期に入ったら何をやってもOKなの？

「安定期だから旅行に行ってもいいですか？」

こういった「安定期だから〜」系の質問は、健診中によくいただきます。世間では、14〜16週くらいから「安定期」と呼ばれており、激しい運動をどれだけやっても、旅行しても、全てOK！と思ってしまう妊婦さんも案外多いんです。

流産のほとんどが妊娠12週までに起こることや、つわりが安定してくる時期も重なることから安定期と呼ばれるのだと思いますが、**安定期は決して安全期ではありません。**切迫流産・早産はいつでも起こる可能性がありますし、感染を起こして赤ちゃんがピンチになることも……。

安定期の旅行についても同じです。旅行先でトラブルがあって、そのままお産なんて話は、本当によくある話なのです。脅かすようですが、実際に沖縄の周産期センターで、救急受診した旅行者の妊婦さんのうち、約4分の1に入院管理が必要になり、そのうち約半数に流産手術や帝王切開術が必要だったという記録もあります。

里帰りと違って、これまでの妊娠経過が全く不明な妊婦さんが病院を受診すると、判断が難しくなりますし、仮に海外旅行で同じような事態になると、不安やかかるお金も桁違い……。

出産後は忙しくなるので、自宅でのんびりと家族の時間を過ごすのも素敵なひとときですよ。

遠藤先生の伝えたいこと

- 安定期は安全期ではない！
- 安定期の旅行はほどほどに

遠藤先生からひとこと

妊娠中の旅行については、雑誌でもよく取り上げられていますよね。でも「安定期だからどこへ行ってもOK」なんて言うお医者さんはいないかと……。

妊娠中のセックスってNG？

妊娠中の女性の性欲は弱まる傾向にありますが、パートナーは「妊娠している間、ずっとオアズケ状態なのか」と感じている人もいるでしょう。

まず結論を言うと、**妊娠中のセックスは絶対禁止!!　というわけではありません。**ただしいくつか注意しないといけないことがあります。

1 感染に注意する

赤ちゃんにとって感染は危ない状況を引き起こしてしまいます。清潔を心がけて腟内に感染を起こさないように注意を。コンドームも忘れずに装着してください。

2 刺激を与えすぎない

乳頭や子宮の出口（子宮頸部）への刺激は子宮収縮を誘発してしまいます。乳頭への刺激や挿入時の激しい動きは、なるべく控えて。さらに精液中にはプロスタグランジンという、子宮を収縮させる作用のホルモンが含まれています。精液中のプロスタグランジンがどれくらい子宮収縮を誘発するのかは不明ですが、実際、妊娠中期にセックスが原因のトラブルが起きていますので、やはりコンドームの使用は必須です。

3 リスクがある場合は注意

前回の出産が帝王切開だった場合や次の妊娠までの期間が短い場合は、普通の妊娠よりも注意が必要です。さらに前置胎盤や低置胎盤などの時は、挿入までは控えたほうがいいでしょう。

遠藤先生の伝えたいこと

- 妊娠中のセックスは絶対禁止ではないが、注意が必要
- 挿入時はコンドームの使用を忘れずに

遠藤先生からひとこと

妊娠初期や満期（臨月）は妊婦さん自身の性欲もなくなるようですが、妊娠中期はホルモンの影響で、性欲が増す女性が多い傾向も。

20週になっても胎動を感じないのは異常?

「胎動を感じ始めるのは20週前後!」と、ネットや多くの情報誌で説明されていますが、感じ方は本当に人それぞれ。実際に私も、健診で12週くらいの妊婦さんから、「胎動を感じる!」と言われたこともあります(さすがに胎動ではなかったと思いますが……)。

また初産の妊婦さんは、もちろん「胎動ビギナー」なので、自覚しにくいこともありますよね。週数が進み、25週くらいになると誰もがわかるくらい赤ちゃんが動き始めるので、気長に待ってください。大切なのは、胎動を1日に何度も感じるようになってから、急に胎動回数が減少するのはあまりよくないサインのひとつだということ。

妊婦さんの間では「出産前は赤ちゃんの頭が骨盤にハマって胎動が少なくなる」という都市伝説が語り継がれていますが、それはウソです! 「あれ? 胎動がいつもより少ないような気がする」と感じたら赤ちゃんにトラブルが発生している可能性があるので、きちんと受診しましょうね。

自分で胎動回数をチェックする方法もあるので、読者の方に特別にお教えしましょう〜♪

10カウント法というもので、やり方は簡単! 胎動を感じ始めたと思ったら、「10回胎動があるまでにかかる時間をチェックする」だけです。

多くは30分以内に10回の胎動がありますが、赤ちゃんにも個性があるので、のんびり屋さんもいれば、活発でやんちゃな子もいるでしょう。

大事なのは他人と比較するのではなく、自分

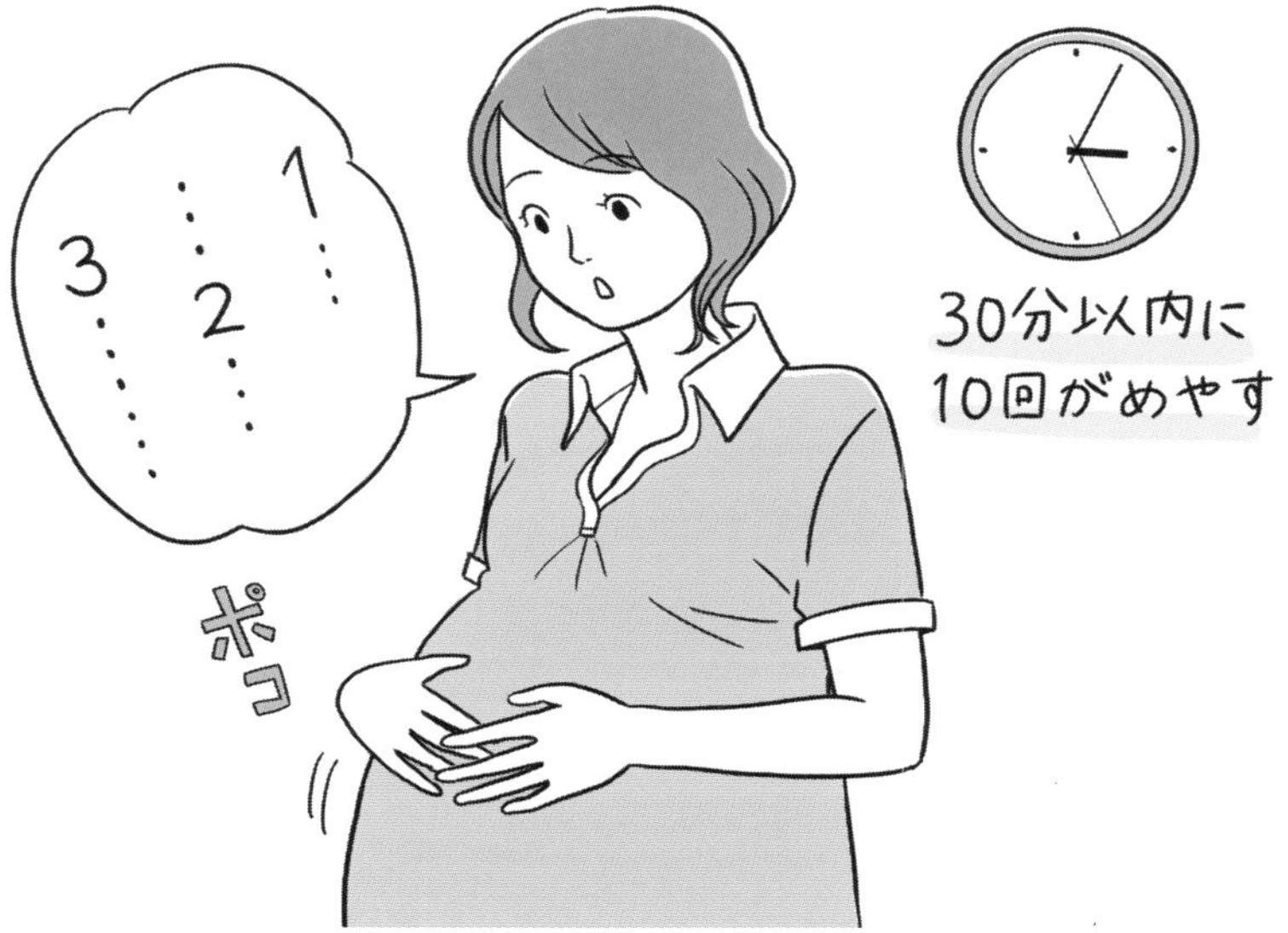

の赤ちゃんのいつもの胎動回数と比較してどうか？　です。また一度くらいなら、いつもより10カウントになる時間が長くても焦らないでOK。赤ちゃんは子宮内で30分ごとに、寝たり起きたりをくりかえしているので、少し時間をおいて、「動き始めたな」と思ったら再度、胎動をカウントするようにしてくださいね。

遠藤先生の伝えたいこと

- 胎動の感じ方や時期は赤ちゃんそれぞれ。比較はいつもと同じかどうか
- 胎動が減ってきたら、病院で「胎動が減った気がする」と伝えること

遠藤先生からひとこと

胎動を感じ始めた時期は、急に胎動が消失した！　ということもよくあります。胎動は週数が進むにつれ、大切なものだと覚えておきましょう！

妊娠
5～7カ月
（16～27週）

「貧血ですよ」と言われたら……

妊娠中期に起こりやすいトラブルの代表といえば、貧血です。そのため妊娠中期には採血検査で貧血の有無をチェックします。

なぜ妊娠中に貧血になりやすいかというと、**血液（赤血球）の材料である鉄分が、赤ちゃんの体を作るために大量に必要になる**から。

私たちの体は、出血などで血液がなくなった時にすぐに補充できなくなるととても困るので、鉄分を蓄えておくしくみ（貯蔵鉄）がもともと存在します。貯蔵鉄は銀行のようなもので、血液が足りなくなると貯金のようにATMから鉄を引き出して補充します。しかし貯金がなくなるとATMも使用不可、血液も補充が利かなくなり、金欠ならぬ貧血となります。健診で貧血になったということは、すでに**貯金がスッカラカン**であるのと同じということなので、早急に鉄分の補給が必要な状態ということです。

しかし病院で処方される鉄剤は、かなり含有量が多く、**逆に胃に負担がかかってしまうことも**。妊娠前や初期のうちから食事でしっかりと鉄分を蓄えておくのがベターです。

ところが、近年食生活の欧米化や若い女性の生活スタイルの変化から、バランスのよい食事をとっている人が少なくなり、妊娠前から貯蔵鉄が極貧状態の人も増えてきました。「きちんとした食事をとるヒマがない！」という妊婦さんは、**サプリメントを上手に利用**しつつ、鉄を摂取できる食生活を意識するようにしましょう。ポイントとしては、**ビタミンCと一緒に摂取すること**。これが鉄の吸収効率を上げます。

そして、レバーを中心に鉄分を補おうとすると、ビタミンAが摂取過剰になり、胎児の奇形を引き起こすこともあるので、海藻や緑黄色野菜から鉄をとるのがおすすめです。

遠藤先生に寄せられた貧血になった妊婦さんの声

産後入院中、貧血で起き上がるのがしんどかった。（ちょこぱにさん）

帝王切開後に貧血が治らず輸血することに……。（れんさん）

貧血になり、産後トイレで失神。夫に助けられました。（Wakapicさん）

遠藤先生の伝えたいこと

妊娠中は、赤ちゃんの体を作るために鉄分が大量に必要！ 貧血は鉄分の貯金がない状態。そうなる前にしっかり鉄分を蓄えておく

上手な鉄分のとり方のポイント

1. サプリメントを上手に活用
↓
2. ビタミンCと一緒にとって
↓
3. 海藻や緑黄色野菜からも鉄分を

遠藤先生からひとこと

サプリメント1錠の鉄含有量は、病院で処方する薬の約1／10。貧血になってからでは遅いので、サプリメントは積極的に利用しましょう。

妊娠中のスポーツはやったほうがいい？

マタニティビクス、マタニティヨガ、マタニティスイミングなどなど、日本には、妊婦さん向けのスポーツがいっぱいありますよね。これだけあると、なんとなく「どれかやらないと！」いや、「どれかやらねば（must）」と強迫観念に似た気持ちになってしまいそうですよね。実際は、特に何かのプログラムに参加しなくても「適度な運動」をすれば大丈夫です。運動する際に注意しておきたいのは、無酸素運動ではなく**酸素を十分に取り入れながら体を動かす有酸素運動を心がけること**。例えば、ウォーキングやジョギング・ヨガ・エアロバイクなどが有酸素運動にあたります。毎日、近くの公園を散歩してもいいし、自宅でヨガをやっても、スポーツジムのプールでウォーキングをしてもOK。適度な運動をするようにしましょう。

短距離ダッシュやウェイトトレーニングなど無酸素運動は、子宮内の赤ちゃんへの酸素供給に影響があるので避けるようにしてください（なかなかしないと思いますが）。スキューバダイビングは血液内のガス濃度が変化してしまうため、おすすめできません。スポーツのプログラムに参加するしないは自由ですが、後述する「産後うつ」（P122）を防ぐため、妊娠中にコミュニティに参加するのは効果的かもしれませんね。

遠藤先生の伝えたいこと

- 妊娠中は適度な有酸素運動を心がける
- コミュニティに参加しておくと、産後うつを防ぐ効果がある場合も

遠藤先生からひとこと

妊婦さんは血液が固まりやすいので、運動中は十分水分を摂取して、脱水を防いでくださいね！

両親学級、行かないと親失格⁉

妊娠してから「母親学級」とか「プレママ講座」という言葉を耳にしたことがある人も多いでしょう。これらは妊娠中期〜後期にかけて、産院や自治体で開かれ、おもに初産婦さん向けに妊婦さんの体の変化や体重管理方法、妊娠中に注意することやお産のしくみなどについて説明する講座です。まあ言ってみればこの本に書いてある内容を1〜2時間でささっと講義するようなものです。「妊娠中の妊婦さんの大変さを身をもって感じなさい〜！」という理由から、父親学級や両親学級なんていう講座もあります。

妊娠中だとマタニティビクスやヨガなんかもそうなのですが、何かが流行すると「自分もやらなきゃ！」という焦りを感じ、あれもこれもと、全ての講座を受講しなければと思ってしまう人も多いようですが、「両親学級に出席しないとよい親になれない！」なんてことは絶対にありません（キッパリ）！全員受けるのが必須だったり誰でも受講は自由だったりと分娩施設によって方針が異なりますので、確認をしてくださいね。

参加すると、同じくらいの週数の妊婦さんと出会えて、悩みを相談しあえるというメリットも。余裕があれば受けてみてください。母親学級で出会ったお母さんが、「お産の時に一緒に入院していた！」なんてこともありますよ。

遠藤先生の伝えたいこと

- 両親学級は無理のない範囲で参加を
- 参加すると、妊婦仲間と出会えるメリットも

遠藤先生からひとこと

最近ではお父さん向けの父親学級のプログラムも充実していますよ。

妊娠
5〜7カ月
（16〜27週）

里帰り時期のベストタイミングは？

妊婦健診をしていると、「いつ頃、里帰りすればよいですか？」と、よく質問されます。残念ながら私は即答できません。

というのも、里帰り時期を決めているのは、里帰り後（受け入れ先）の施設だからです。里帰り前の施設ではないんです。

里帰り時期については特に決まりはありませんが、多くの施設が30〜35週の間に「里帰りしてください」と言います。里帰り先の病院の分娩予約を取る時や、妊娠中に受診する時には、その施設で決めている里帰り時期について、前もって聞いておきましょう。

また、その際にもうひとつ確認しておいてほしいのは、リスクがあった場合の里帰り時期です。逆子、切迫早産、赤ちゃんが小さめなど、分娩予約をする際には予想もしなかったリスクが妊娠経過とともに出てきてしまうことも、しばしばあります。特に帝王切開が必要になる時などは、手術予定日の相談も必要になるので、あまり遅くに里帰りしてしまうと、希望する日に手術することが難しくなるケースも。大学病院や総合病院では、予定できる手術に制限があり、かな〜り先まで予約が埋まっていることもあるので、里帰り先の施設に帰省の相談をする際は、「帝王切開が必要になった場合は、いつ頃里帰りすればよいか？」ということも聞いておくと安心ですよ。

さらに、どうやって里帰りするか移動手段も考えておいたほうがベターです。里帰り先が遠方の場合は、できるだけ早めに帰ることをおすすめします。

マイカーだと精神的にリラックスできますが、渋滞にはまることもあるので、休憩時間はこまめに取ってください。いないとは思いますが、自分で運転して帰省するのは（ましてや長時間）はやめてくださいね。

飛行機での里帰りを考えている場合は、妊娠週数やリスクの有無（双胎妊娠や切迫早産など）により医師の診断書が必要になることもあるので、各航空会社に確認してくださいね。

どの交通手段を使う場合でも、できれば妊婦さんひとりではなく、家族に付き添ってもらったほうがいいでしょう。

遠藤先生の伝えたいこと

里帰り時期は、帰省先の分娩施設に確認を
確認の際は、リスクがわかった場合の帰省時期も同時にヒアリング！

里帰り出産の手順とポイント

1 前もって里帰り先の施設を探す

できれば予約前に見学をしておくとベター。里帰り出産を受け付けていない施設もあります。

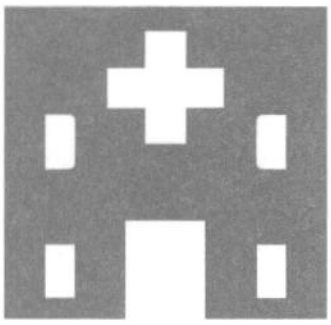

2 通院中の病院に紹介状をもらう

里帰り先が決まったら早めに通院中の先生に伝え、紹介状を書いてもらってください。

3 妊娠36週までには帰省を

いつ頃里帰りしたほうがいいのか、里帰り先の施設に早めに確認を。

4 ラクに帰省できる交通手段を選ぼう

遠方の場合や飛行機を利用する場合はできるだけ早めに移動すると安心。

5 移動時の荷物は少なめに

里帰りする時、大きな荷物などを持って移動は大変！　宅配便などを活用して身軽に。

6 ひとりでの里帰りは避けよう

移動中に体の異変が起きる場合も考えられるので、誰か付き添いの人と一緒に行動を。

遠藤先生からひとこと

移動中は、エコノミークラス症候群に要注意！　水分を十分にとって、定期的にふくらはぎのマッサージや歩行を心がけて予防しましょう。

妊娠中、風邪をひいたら……

「風邪をひいたから薬を飲まなきゃ！　でも赤ちゃんに影響があったらどうしよう……」。どうも日本では、「風邪は薬を飲まなきゃ治らない！」と思い込んでいる人が多いようです。

今まで風邪に対して、なんでもかんでも薬を処方していた医師にも問題があるのですけど……。基本的には風邪の多くの原因はウイルスによるもので、数日〜1週間以内に自然に快方に向かいます。風邪をひいて数日して病院に行って薬をもらったらよくなった！　というのは錯覚で、実は体の免疫作用で勝手によくなっているだけなのです。

ご存じの人も多いでしょうが、病院で処方される薬のほとんどは、対症療法を目的としたものです。熱を下げる解熱剤、せきを止めるせき止め、痰を切る痰切り剤などなど、どれも実際にウイルスに効果があるわけではありません。基本的には自宅で、**脇の下やそけい部（太ももの付け根）の太い血管を冷やして水分を十分に摂取すればほとんどの風邪は自然に治ります。**

とはいっても、せきをしすぎると子宮が張りやすくなったりもするし、高熱が続くと体力も消耗してしまうので、症状に合わせて、病院に行って相談してみるとよいと思います。赤ちゃんに対する薬剤の影響ですが、風邪に対して使われる薬で影響があるものはごく限られていますので、あまり心配しないで大丈夫です。

ただひとつだけ、P30にも描きましたが、**エヌセイド（NSAIDs）にはご注意を！**　この薬は解熱作用や痛みをやわらげる作用を持ち、

と〜っても効果が高く、私も熱や痛みがある時はお世話になっている薬なのですが、妊娠中の内服はNG。なぜなら、赤ちゃん特有の動脈管という心臓の大事な血管を閉鎖してしまう可能性があり、この血管が閉じてしまうと赤ちゃんの命にかかわってしまうからです。妊娠中の解熱剤は、アセトアミノフェンという種類の薬剤が使われることを覚えておくといいでしょう。

ただ妊婦さんは感染症が重症化しやすい傾向が。特にインフルエンザについては、重症化を防ぐために全ての週数において予防接種が推奨されていますので、流行時期になる前に接種をおすすめします。

遠藤先生の伝えたいこと

風邪の薬は病院で相談。解熱鎮痛剤のエヌセイドは妊娠中には内服しない

インフルエンザの予防接種は、流行時期になる前に検討を

遠藤先生からひとこと

エヌセイドは最近は薬局でも簡単に手に入り、種類も増えているので、風邪薬を購入する際は「妊娠中でも大丈夫ですか?」と念のため質問するといいですよ!

妊娠
8〜10カ月
（28〜39週）

妊娠後期の妊婦さんと赤ちゃんの変化

おなかが張ったり、ちょっと動くのも大変になってくる時期ですが、もうすぐ赤ちゃんに会えるので頑張って！

8カ月（28〜31週）

長時間の立ちっぱなしはできるだけ避けて

長く立っていると大きな子宮を支える骨盤底筋群が疲れるため、おなかが張りやすくなります。疲れたら横に。

妊婦さんの様子

足元が見えづらいので転倒に注意を

おなかがよりせり出してくるため、足元が見えづらくなります。歩く時、階段の上り下りなどは十分に注意をしましょう。

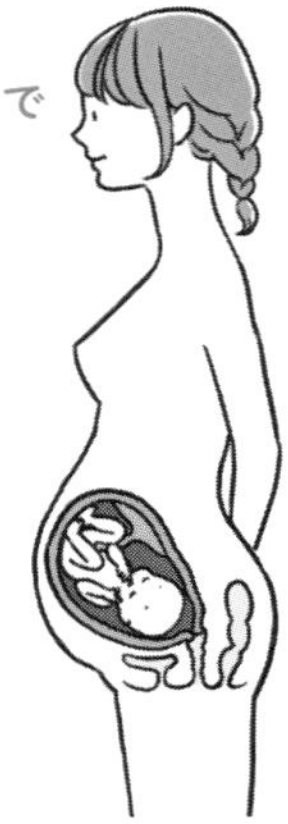

注意したいこと

- 頻尿傾向が強く出て、子宮の圧迫もあるので、おなかが張ったら無理をせずに横になろう
- 足元が見えづらいので移動の際は十分に注意を
- こまめに水分補給を

赤ちゃんの様子

肺呼吸の練習をスタート

心臓や肺などの内臓器官や脳も発達。横隔膜を上下させ肺呼吸の練習をすることも。

吸って〜
はい吐いて〜
スゥ〜

約31週の大きさ目安

大きさ 43cm／ 体重 1800g

9カ月（32〜35週）

お産についての知識や情報を少し予習して

何があるかわからないのがお産ですが、全体の流れや上手ないきみ方などを予習しておくと本番のお守りに。

妊婦さんの様子

子宮がせりあがりつわりに似たムカムカが再来

子宮がせりあがるため、胃が圧迫されむかつくことも。産後の授乳に向け、夜、何度か目を覚ますようになる人も多いようです。

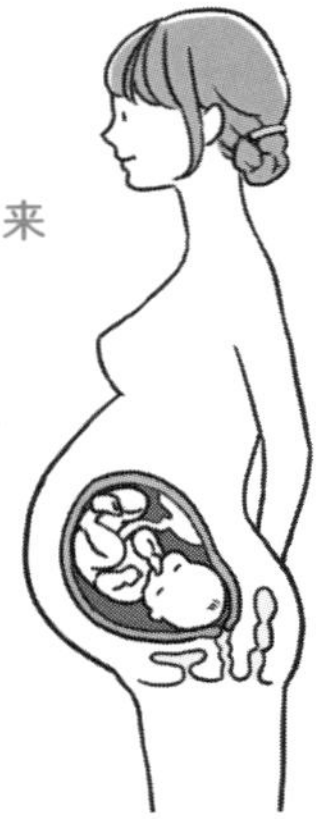

注意したいこと

- 無理をせず疲れたらすぐに横になる
- 膀胱も圧迫されるので頻尿や尿漏れに注意

赤ちゃんの様子

新生児と変わらない見た目に

髪の毛も長くなり、脂肪も増えて新生児と変わらない見た目ですが、体温調節は未熟です。

もうすこしで
デビューかぁ…

約35週の大きさ目安

大きさ 47cm／ 体重 2500g

遠藤先生（の奥さん）の体験談

「目指せ！ 安産！」

毎日犬の散歩
おはよー ございます
大きくなって きたわね〜
栄養ドリンクを連日飲む
グビー
今日も うまい！
買い置き
『トイレの神様』を歌いながらトイレ掃除
べっぴんさんに な〜れ
キュ
キュッ
満期で焼肉
ツルッと産むどー!!
気合い 十分だな…

※あくまで個人の体験談です

10カ月（36週以降）

臨月に入り、赤ちゃんも次第に下がり、いよいよお産本番へ

いつ産まれてもおかしくない臨月に入り、健診も週1回のペースに。ひとりで病院へ入院することになった際の交通手段や持って行く荷物の確認を。

妊婦さんの様子

陣痛や破水などお産スタートの合図が！

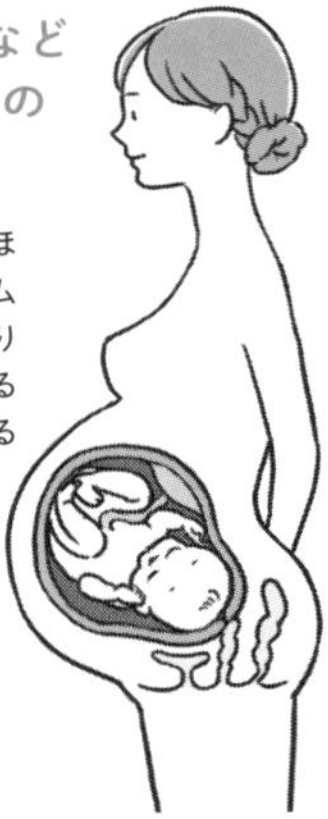

赤ちゃんが骨盤のほうへ下がるので、ムカムカが少なくなります。陣痛やおしるしなどお産が始まる兆しが見られます。

注意したいこと

- ひとりの時にお産の兆しがあっても慌てない
- 切迫早産の傾向があった人も積極的におなかをゆするように
- 破水した場合はすぐに病院へ連絡を

赤ちゃんの様子

外の世界に旅立つためのカウントダウンに

いつ産まれてもOKなように体の機能が発達。頭を下にし、骨盤の中に入って準備をします。

スタンバイ OK!

約39週の大きさ目安

大きさ 50cm ／ 体重 3000g

妊娠高血圧症候群を防ぐ方法は？

「血圧がちょっと高めなので注意してくださ い」「むくみが強いですね」「おしっこにタンパクが混じっているので気をつけてください」と、妊娠後期になるとこんな注意をされる妊婦さんが多くなります。でも、「何をどうやって注意すればいいのよぉ〜？」と聞きたいけれど、質問する間もなく健診が終わってしまうこともあるのではないでしょうか。

実はこれらのアドバイスは、妊娠高血圧症候群（HDP）という病気について注意してくださいという意味なのです。昔は妊娠中毒症と呼ばれていたもので、妊娠後期（8カ月以降）に起こりやすく、高血圧・タンパク尿をはじめとしてさまざまな症状が出現します。特に40歳以上の妊婦さん、肥満、初産婦、双子を妊娠している人は要注意です！

妊娠高血圧症候群の特徴は、

1 全身の病気である
2 お母さんも赤ちゃんも状態が悪くなる
3 発症するとお産の時まで悪化する

の3点。

産むまでお母さんの体調が悪いことから、お母さんと赤ちゃんにとって、最適なお産のタイミングを決定するのが重要になります。原因はまだ完全には明らかになっていませんが、胎盤ができる時に問題が生じ、全身の血管に異常が起こるせいと考えられています。また、さまざまな症状が表れる可能性があるのも特徴です。

さて、そんなHDPを見逃さないために、皆さんにもチェック可能な方法は血圧を測ることです。出費はやや痛いかもしれませんが、市販されている5000円程度の簡単な血圧計でOKですし、おじいちゃん・おばあちゃんのものをちょっとの間、拝借したり、マタニティスイミングなどに通っているなら、毎日スポーツジムで測定してもいいでしょう。どんな方法でもよいので、赤ちゃんと自分自身のためと思って、少なくとも1日1回は血圧測定をしましょう。

　病院への相談が必要な基準は、血圧の上（収縮期血圧）が140以上、下（拡張期血圧）が90以上です。血圧というと、上の数値ばかり気にしてしまう傾向がありますが、HDPでは下の血圧もかなり重要な数値となります。病院で「血圧に注意」と言われたら、血圧計で毎日チェックを。上の血圧・下の血圧、どちらかが範囲を超えてしまったら、必ず病院に連絡するようにしましょう。HDPにかかると将来高血圧や糖尿病になりやすくなると言われています。これを機に、血圧チェックを習慣づけてくださいね。

妊娠高血圧症候群の症状

赤ちゃんの症状
- 体重の増加不良
- 羊水量低下
- 状態悪化

妊婦さんの症状
- 頭痛
- 肺水腫（肺に水が溜まる）
- 高血圧
- タンパク尿
- むくみ

合併症
- 子癇《しかん》発作（けいれん）
- HELLP症候群（激しい腹痛）
- 常位胎盤早期剥離
- 急性妊娠脂肪肝

血圧を毎日測って妊娠高血圧症候群のきざしに注意しよう

遠藤先生の伝えたいこと
- 妊娠後期は妊娠高血圧症候群に注意
- 血圧は上下どちらの数値も確認！

遠藤先生からひとこと

HDP傾向になってきたら、赤ちゃんの胎動についてもこれまでより少し慎重にチェックするようにしましょう。

妊娠
8〜10カ月
（28〜39週）

逆子！　どうやったら正常に戻る？

「自然分娩したい」という妊婦さんにとって、逆子《さかご》はやっかいな問題ですよね。現在、逆子の経膣分娩を行っている施設は少ないため、多くは帝王切開術によるお産を選ばざるを得ません。そのため、妊婦健診が後半になるにつれ、逆子になっているかどうかは、大切なポイントのひとつとなります。

ネットで逆子を戻す方法を調べると、漢方・お灸・ツボなど、信憑性が高そうなものから低そうなものまであって混乱してしまいますよね。なかには「赤ちゃんに『直って！』と直訴する」「温めると直るといわれているので、おなかにドライヤーをあてる」なんていう方法まであるとか。

また、多くの産院では、逆子体操という方法を紹介していると思います。これは、うつ伏せになってお尻を高くする体操ですが、あまりやりすぎるとおなかが張りやすくなることもあるし、そもそも医学的根拠があるわけではありませんので、必死になって体操をし続けるのもあまりおすすめできません……。

皆さんに覚えておいてほしいのは、実際に最後まで逆子が直らないのは、わずか5％程度ということです。「逆子体操で直った！」「お灸で直った！」という妊婦さんがまわりにたくさんいるかもしれませんが、もともと何もしなくても自然に直っていた可能性も否定できません。気長に、最後まで諦めずに赤ちゃんが戻るのを待つのがいいと思います。実際に私の経験でも、帝王切開術前日ぎりぎりに逆子が戻った妊婦さんも、何人もいらっしゃいます。

ワイルドな妊婦さんだと「いっそ外から赤ちゃんを無理やり回転させて逆子を直す方法はないかな」と思う人もいるかもしれません。

実は実際に外から赤ちゃんをグルッと回転させる「**外回転術**」という方法が存在します。ただし、この方法には大きなリスクがともなうため、病院で取り入れていないところもありますし、ましてや**絶対に自宅ではやらないこと！**

なぜなら、赤ちゃんが子宮内で回る時に、胎盤が剥がれてしまう危険があるからです。外回転術は十分な人員を確保して、胎児の心拍をチェックしながら行うもので、慎重な病院だといつ帝王切開になってもいいように、硬膜外麻酔（脊椎から針を挿入し麻酔薬を流し込む局所麻酔）を背中から挿入してから処置を行うことも。まさか自宅で、赤ちゃんをグリグリ回そうとするお母さんはいないと思いますが、一応忠告しておきますね。

また、逆子の妊婦さんが破水した場合、へその緒が子宮の外に飛び出てしまう「臍帯脱出《さいたいだっしゅつ》」という緊急事態を引き起こすこともあるため、すぐに病院に連絡して受診するようにしましょう。

遠藤先生の伝えたいこと

- 最後まで逆子が直らないのは5％程度
- 逆子の直し方のひとつである外回転術は自宅ではやらないように！

遠藤先生からひとこと

以前は逆子の経腟分娩も行われていましたが、現在は極端に数が減り、逆子分娩介助は失われた技術になりつつあります。

羊水の量って減るとまずいの？

「羊水の量は大丈夫そうです」「ちょっと羊水が少なめなので、胎動に注意してください」。妊婦健診でよ〜く聞いていると、意外と羊水という言葉が出てくることが多かったりします。そうはいっても妊婦さん自ら「あれ？ 今日は羊水がちょっと減っているみたい」と気づくことはないですよね。そもそも羊水ってどんな役割をしているのかをレクチャーします！

羊水は赤ちゃんが包まれている羊膜の中に満たされている液体で、週数により異なりますが、500〜800㎖程度の量が存在します（妊娠後期にはやや減少します）。また、赤ちゃんにとってたくさんの重要な役割を担っていますが、おもなものは次の通りです。

1 赤ちゃんを衝撃から守る

羊水に浮いていることで、外部の衝撃を受けにくくしています。

2 肺成熟を促す

赤ちゃんの肺は、体の臓器の中でも最後のほうに完成する部分。羊水を飲み込み、呼吸様運動*をしながら成熟していきます。

3 運動空間の確保

子宮の中はとても狭いので、赤ちゃんは自由に動けません。羊水に満たされることにより、プカプカと子宮内でも動けるのです。

このようにたくさんの役割を持つ羊水ですが、私たち産科医にとって、羊水はチェックすることで赤ちゃんの健康状態を知ることができる大事な指標なんです。

*呼吸様運動
呼吸のように羊水を体の中に入れたり出したりする動き

赤ちゃんは羊水を飲み込んで、おしっこで出して、また飲み込んでという動作をくりかえし、羊水を循環させているのです。つまり、赤ちゃんの羊水は、自身のおしっこでできていて、羊水の量＝赤ちゃんのおしっこの量、ともいえるのです。

大人も同様で、おしっこの量というのは、体の健康維持にとても重要な意味を持ち、出血多量・脱水・腎不全といったさまざまな疾患で、おしっこの量が減少してしまいます。

そのため、妊婦健診で行う超音波検査では、毎回羊水の量をチェックしています。羊水が減ってきた＝赤ちゃんの状態が悪いサインの場合も……。それを前もってキャッチできるよう、P60〜61で紹介した、胎動回数のセルフチェック（10カウント法）などが大事になってくるのです。

妊娠後期は羊水が減りやすく、冒頭のようなアドバイスをされることはたまにありますが、不安になりすぎず、自宅でセルフチェックを実践してくださいね。

羊水の役割

③運動空間の確保
②肺を成熟させる
老廃物
小腸
尿
①衝撃から赤ちゃんを守る

羊水はおなかの赤ちゃんにとってありがたい存在であり、赤ちゃんの「健康バロメーター」的な役割も。

遠藤先生の伝えたいこと

- 羊水は、赤ちゃんの健康状態を知るバロメーター！
- 羊水量が減少したら、胎動のセルフチェックを

遠藤先生からひとこと

妊娠後期になると、羊水の量は生理的に減少する傾向があるため、胎動回数やNST（胎児心拍モニター）との組み合わせで判断することが大事です。

胎児心拍モニターって？

妊娠後期からは、必要に応じて胎児心拍モニター（NST＝ノンストレステスト）という検査を行います。このNSTという検査は、分娩中にずっとおなかに装着する、いわゆる分娩監視装置と基本的には同じものです。産科外来で15分以上も赤ちゃんの心拍を取り続ける検査のため、ずっと上を向いていると気持ち悪くなってしまうこともあるでしょう。そこまでしてなぜこの検査をやる必要があるのでしょうか？

実はこの検査は、赤ちゃんが元気であることを証明するのがとても得意な検査なのです。検査の方法と結果の見方を左の図に示しますが、大きく分けて、胎児心拍・子宮収縮・胎動の3つの要素を確認しています。おもにチェックしているのが胎児心拍で、

1 心拍数が正常域（110〜160回／分）
2 グラフの波形がギザギザしている
3 たまにピョコンと上がっている

という3つのサインがちゃんとあれば、ほぼ100％の確率で赤ちゃんが元気だとわかる、めちゃくちゃ便利な検査です。

一方で、赤ちゃんに元気がないことはわかりづらいという欠点も。ただ赤ちゃんが寝ているだけでも、ギザギザが弱くなったり、子宮収縮の影響で少しだけ心音が落ちてしまったり、さまざまなケースで異常な項目が現れます。分娩進行中も同じで、赤ちゃんの心拍が一時的に落ちることがよくあるのですが、だからといって全てが帝王切開になるわけでもありませんので、NSTの結果を気にしすぎないでくださいね。

胎児心拍モニターをクローズアップ

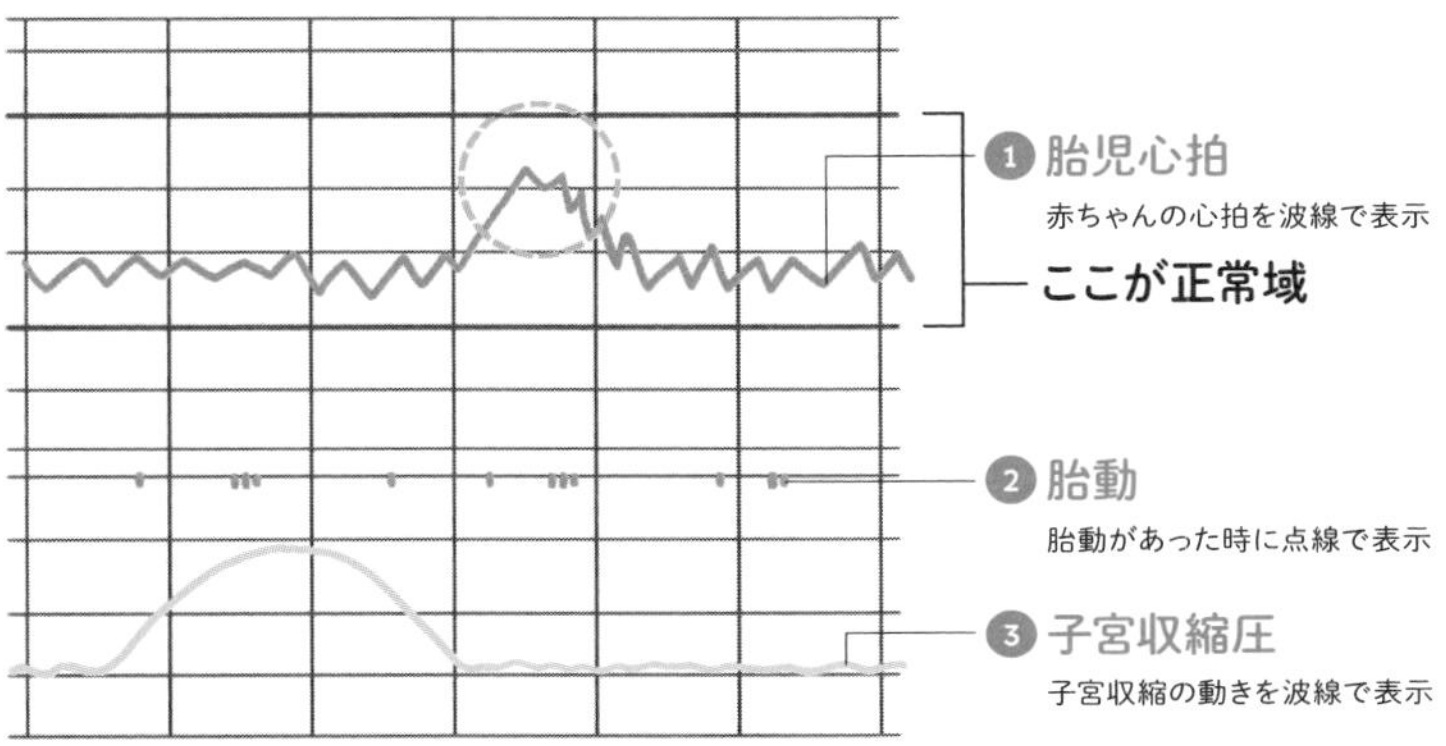
1 胎児心拍
赤ちゃんの心拍を波線で表示
ここが正常域
2 胎動
胎動があった時に点線で表示
3 子宮収縮圧
子宮収縮の動きを波線で表示

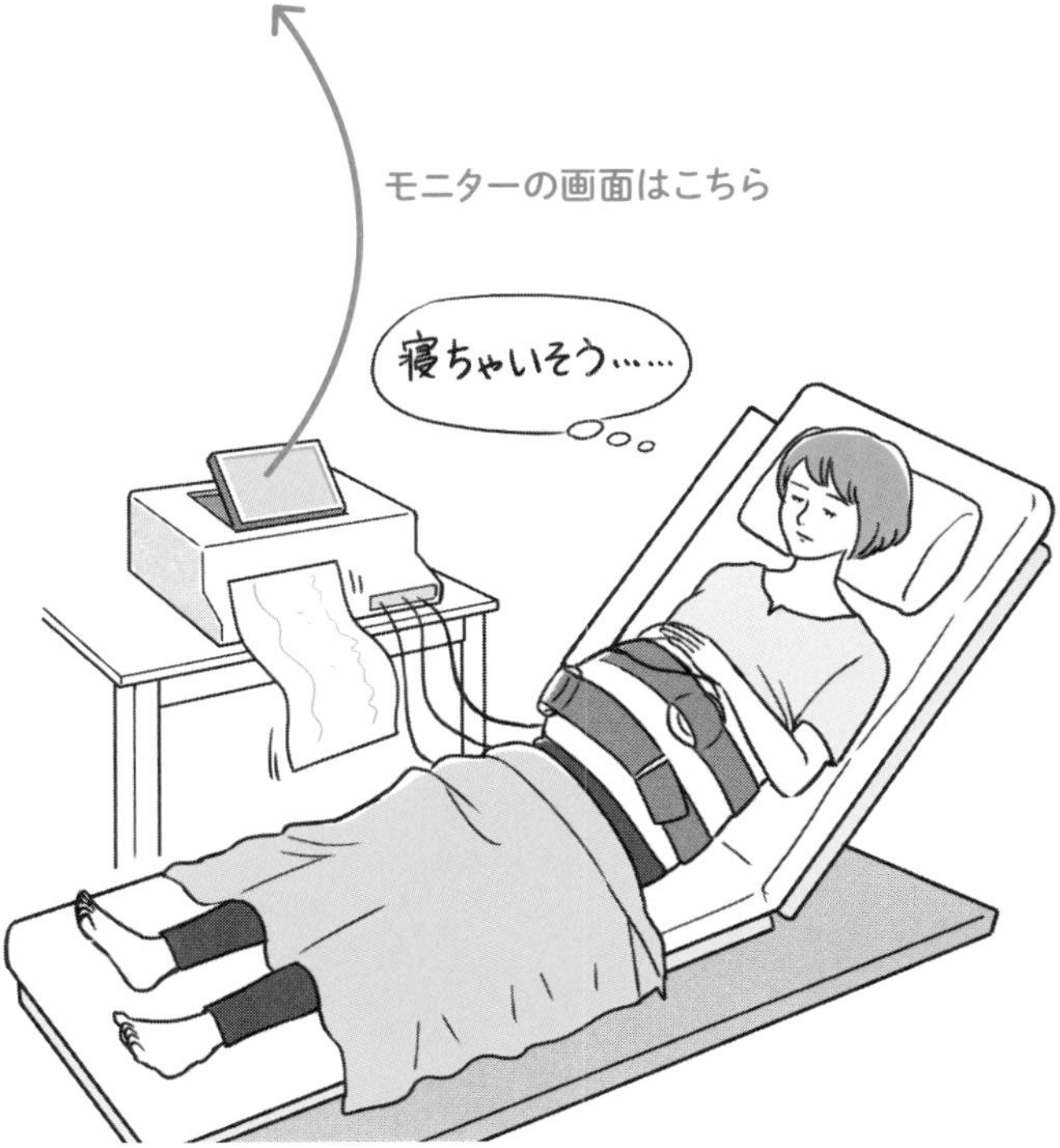
モニターの画面はこちら
寝ちゃいそう……

遠藤先生の伝えたいこと

- NSTは赤ちゃんが元気なことを証明する検査
- 少しのことで「異常」と出やすいので心配しすぎないように

遠藤先生からひとこと

長時間のモニター検査では、子宮の圧迫で脳貧血を起こしてしまう妊婦さんも。気分が悪くなったら遠慮なくスタッフに伝えてくださいね！

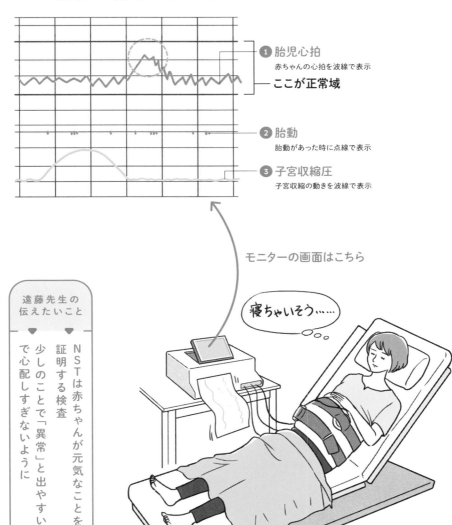

妊娠
8〜10カ月
（28〜39週）

尿漏れと破水の区別がつきません

「お股から水が流れ出てきたみたいなんですけど……。でも尿漏れかもしれません」。こんな連絡、よくあります。そんな時は「とりあえず病院に来てください」とお話しします。妊婦さんのなかには「尿漏れと破水、間違えたら先生や看護師さんに笑われちゃいそう……」と心配している人がいるかもしれませんが、大丈夫！笑いませんよ。事実、尿漏れと破水の区別は、専門家でも非常に困難なんです。もしも破水だった時には大変ですからね。

破水といえば、ドラマとかで見るような、バシャッと音がして床がビシャビシャに濡れるというシーンを想像しがちかもしれません。もちろんあれだけわかりやすい破水なら、尿漏れと間違えることは、まずないと思いますが、破水の仕方はいろいろ。最初は、尿漏れのようにチョロチョロしたものだったり、赤ちゃんの袋の一部に小さい穴が開いて羊水が流出する高位破水というケースも。そのため、尿漏れか破水かよくわからない時は、きちんと診察して破水のチェックをします。

破水の確認は、腟内が羊水によってアルカリ性になっているのを確認する方法や、羊水中の成分を検出する方法を使いますが、それでも結果が曖昧でわからないことがあり、破水の診断は本当に難しいものです。だから家でセルフチェックはできません（残念ながら）。

なぜ私たち産科医が破水についてこれだけナーバスになっているのかというと、羊水が減ることで赤ちゃんが子宮の収縮の影響を受けや

破水かも……と思ったら

破水してもすぐ分娩は始まりません。焦らず、パニックにならないように

1. 夜用ナプキンか赤ちゃん用のオムツ、大きめタオルをあてる
2. 自分で産婦人科に連絡をして説明
3. お風呂やウォシュレットはNG
4. できるだけ動き回らない
5. 車で病院へ行く場合はシートにもバスタオルを敷く

すくなりストレスがかかってしまったり、腟からバイ菌が入りやすくなってしまうからです。赤ちゃんにとってバイ菌感染は、非常にマズイ事態なので神経質にならざるを得ません。破水ではないと自己判断して、何日も経って病院に来たら、すでに赤ちゃんの状態が悪く、緊急帝王切開！　なんて例も実際に、年に数回はあります。

　しつこいようですが、なんかあやしい水が流れたら、自己判断せずにとりあえず病院へ連絡してくださいね！

遠藤先生の伝えたいこと

- 破水と尿漏れの区別は非常に困難
- あやしいなと思ったら必ず病院に連絡を

遠藤先生からひとこと

羊水に反応する成分が含まれる尿漏れパッドも開発されています。これなら、自分でも区別がつきそうですね♪

妊娠 8〜10カ月
(28〜39週)

「切迫早産」ぎみで、入院となった時の心がまえ

妊娠中に「入院」になるケースで多いのが、切迫早産です。切迫早産とは子宮収縮が頻繁にあったり、子宮の出口が短くなって早産になりかかっている状態です。重症の場合には入院での管理が必要になります。現在、切迫早産に対して最も効果がある治療は、安静にすることですので、一日の大半を子宮収縮を抑える点滴をぶら下げながらベッドの上で過ごす生活が続きます。

最近はパソコンが持ち込める病院も多くなりましたが、そういう時ってなぜかよせばいいのにネットでよくない情報を検索してしまうんですよね。だから不安のスパイラルに陥りやすいんです。しかも赤ちゃんが元気であれば、超音波検査は1週間に一度くらい。子宮収縮を抑える点滴も、日が経つにつれ血管炎を起こしやすくなり、頻繁に差し替えが必要になるため、正直なところ、切迫早産で入院中の妊婦さんたちは大変だろうな〜と思います。

特に20週台の早い時点で入院になると、満期(36週)までの道のりがエラ〜く長く、気持ちが折れてしまいがちですが、2〜3週間おきの短期的な目標を立ててひとつずつ乗り越えていくつもりで過ごしましょう。22週、25週、28週、30週と、週を経るごとに赤ちゃんの救命率も後遺症のリスクもどんどん改善していきますので、あと少し、ファイト!

遠藤先生の伝えたいこと

切迫早産の入院は、1日1日がヒマで、と〜っても長い! 最終ゴールでなく、短期的な目標を立ててクリアを

遠藤先生からひとこと

早産児は、以前は肺がふくらまず、命を落とすケースも多かったのですが、サーファクタントという薬の登場で予後は改善しました。

入院準備どこまで必要？

妊娠・出産本を見ると、「入院準備品リスト」なるものが載っていることが多いのですが、印鑑・母子手帳など、手続きに必要なものから、ベビーの着替えやだっこひものような赤ちゃん関連アイテム、さらに産後のお母さん関連アイテムや、「本当にコレ必要なの？」というものまで書いてあることも……。

正直いうと、そんなに**入念に準備をしなくても何とかなります！** 陣痛中に使うテニスボールやうちわなんかは、置いてある産院がほとんどで、用意してあるアロマを焚いてくれるところも多いです。

「赤ちゃんのオムツ、ミルクや着替え、お母さんの室内着や腹帯くらいは準備しておかなくちゃ！」と思うかもしれませんが、多くの産院ではミルクやオムツの会社から一定量提供されていて、産まれたての**赤ちゃんに必要な消耗品をお母さんにプレゼント**してくれたりします。

さらには、室内着や腹帯、各種アメニティーなど、**入院中に必要な物品を全て入れてあるマザーズバッグ**というものを入院時に渡してくれる産院も多く、入院中、困らない程度のものは補えたりもします。入院準備については、妊娠・出産本より、自分がお産する施設の助産師に、「本当に本当のところ、何が必要ですか？」と聞いておくのが一番かもしれません。

遠藤先生の伝えたいこと

- 入院準備は出産する施設の助産師に確認を
- 施設によっては入院準備品をプレゼントしてくれるところも

遠藤先生からひとこと

本当に必要なものを確認する際はいつ頃までに揃えたほうがいいかも一緒に聞くといいですよ！

妊娠
8〜10カ月
（28〜39週）

バースプランは旅計画気分で♪

「病院主導のお産ではなく、自分らしいお産を！」と、お産が安全になるにつれて、自分がどのようなお産をしたいのかを考えていこうというのが近年の流れになりつつあります。それにともない、多くの施設でバースプランというシステムを取り入れるようになってきました。

　バースプランとは、「立ち会い出産をしたい」とか、「会陰《えいん》切開をしてほしい・ほしくない」とか、「カンガルーケア*をしたい」とか、いろいろな希望を書き込みお産施設に提出するものです。ありとあらゆる希望を書き込む人もいれば、「病院の方針にお任せします」とだけ書く人、白紙で提出する人などさまざまです。

　だいたい妊娠中期頃に、「30週くらいまでに書いておいてね！」と、真っ白な紙を突然渡されて、？？？ということも多いです。特に初産婦さんは、いったい何を書けばいいのか迷ってしまいますよね。日本人はまじめなので、「（特に希望とかなくても）何か書かなくちゃ！」「変なことを書いたら恥ずかしいかも……」などと考えすぎてしまいがちですが、旅行の予定を立てるような気軽な気持ちで書けばＯＫ。「初日は海でゆっくりしたい。2日目はレストランから夕日を見て〜♪」みたいなざっとした要望でいいから、自由に書いてください。

　ただ、お産は何が起こるかわかりませんので、バースプランはあくまで予定ということを忘れないでください。旅行でも、くもっていたら夕日は見ることができないし、雨が降っては海でゆっくりというわけにもいきません。「ダメな

＊カンガルーケア
もともと発展途上国で保育器不足を補うために始まった、早産児に対する医療的なケア。日本では出生後すぐにだっこし赤ちゃんと触れ合うためのサービス的な意義が強い。

らしょうがない」くらいの気持ちで書いてくださいね。

でも、最近のバースプランを見ていると、ちょっと心配に思えてしまうことが多いのもホンネです。それは、**理想のお産を求めるあまりに完璧主義になりすぎている！** ということ。

私個人の意見ですが、妊娠・出産に完璧主義はおすすめできないと思うのです。特に心配になるのは、ものすごい数の要望を紙全体にビッチリ書いてあるような時。「アロマを焚いてほしい」「へその緒を自分で切りたい」「フリースタイルで産みたい」「会陰切開をしたくない」などなど……。

経験した人はイヤというほどわかるかと思いますが、**妊娠・出産では思いもよらないトラブルがいくらでも起きる**し、それに対して柔軟に対応しなくちゃいけません。そこで大切なのが、**バースプランに優先順位をつける**ことです。

さて、優先順位を考えるうえで、絶対に忘れてはいけないはずなのに、意外とスッポリ抜け落ちてしまうのが、実は「おなかの赤ちゃん」だったりします。「何が何でも経腟分娩したい！」という主張はとっても多いし、よーくわかるのですが、そこにこだわるあまり「赤ちゃんの安全」を忘れてしまうケースがしばしばあります。お産の本来の目的は「母子ともに無事にお産を終えること」に他ならず、バースプランに書くべき最優先項目もそれであるはずです。

皆さん、バースプランと向き合う時は、おなかの赤ちゃんと一緒に考えるような気持ちを持ってくださいね。

遠藤先生の伝えたいこと

バースプランは旅の計画と同じと考えて！ただしあくまでも予定で、予定は未定！

遠藤先生からひとこと

テーマパークなどで遊ぶ予定を立てた時に、細かくスケジューリングして失敗した経験がある人も多いハズ。バースプランも希望を詰め込みすぎないように。

COLUMN 1

産婦人科医を目指したきっかけ

実は研修医時代、私は将来は内科医になろうと決めていました。そもそも医学生の頃、手術を見学するのは大嫌いで、入局して何年も経たないと術者(手術をする医師)にもなれないと聞いて、いったい何でみんな外科系の科に入局するんだろう、と思っていたほどです。

特に産婦人科なんて、当直が多い！　忙しい！　訴えられるリスクも高い！　といったイヤなイメージしかなく、自分の将来の進路として、ま〜ったく選択肢に入っていませんでした。

そんな私に転機がおとずれたのは、研修医2年目の時。研修医の時は、指導医(オーベン)のもとで各科をローテーションし、いろいろなことを教えてもらうのですが、産婦人科のオーベンは2つ年上の男性医師で、仲のいい先輩と後輩のような関係でした。内科志望であることも話していましたが、それでも本当に熱心に教えてくれたのを覚えています。

そんなある日、分娩進行中の赤ちゃんの心音が突然、下がってしまう事態が起こりました。分娩進行中は胎児の心拍数を常にチェックしているのですが、リアルタイムで低下した心音を聞くのは、今でもゾッとする場面のひとつです。現場の緊張感は、研修医の自分にもビシビシ伝わりました。ただそこからは本当にあっという間のできごとでした。

スタッフを集めて、手術室と連携して、不安そうな妊婦さんに手術の説明をし、そのまま手術室に移動して……。麻酔をすぐにかけ、「緊急帝王切開を始めます」のかけ声からわずか2分足らずで分娩となり、幸い赤ちゃんもすぐに泣き始めました。

先輩も泣いた赤ちゃんを見てホッとして、またあっという間におなかを閉じました。今までさまざまな科のオーベンを見てきて、どの先輩たちもすごく仕事ができるし、とても立派な先生たちだったのですが、この時の先輩は、素早い判断力と行動力で赤ちゃんとお母さんの2人の命を助けたわけで、ものすごく輝いて見えたのです。この瞬間、「自分も産婦人科医をやりたい！」という気持ちが芽生え、約1カ月悩んだ末、私は当初の希望を変更し、産婦人科の門をたたくことになったのです。

まさか自分が産婦人科医になるなんて想像していませんでしたが、やってみると毎日が楽しく、幸い、今のところ辞めたいと思ったことはありません。現在は開業医に変わりましたが、「産婦人科を選んでよかった！」と、日々実感している今日この頃です。

第2章

医師が本当に伝えたい出産の話

お産の流れガイド

出産の流れは人それぞれですが、本番で慌てないために、お産の始まりから終わりまでを予習しましょう。

	分娩第1期 潜伏期	分娩第1期 活動期
妊婦さん	**陣痛が10分間隔に** ・陣痛の合間に眠気が来ることも	**陣痛が5～7分間隔に** → **陣痛が2～5分間隔に** ・四つんばい、テニスボールなどで上手に乗り切る！
かかる時間・痛み・子宮口の開き方	約6～10時間 ・生理痛のような痛み	約3～4時間 ・痛みがおなか→骨盤のほうへ移動 ・痛みが急激に強くなる 子宮口3cm → 子宮口全開大10cm
赤ちゃん	**産道を下りて骨盤へ** 骨盤の入口を目指し、産道を下りてきます	**第1回旋** あごをひきつけ、頭を骨盤の入口にはめます → **第2回旋**
一般的な処置	・内診で子宮口の開き具合や赤ちゃんの下がり具合をチェック ・血圧測定 ・分娩監視装置で胎児の心拍や子宮収縮をチェック	・内診で子宮口の開き具合や赤ちゃんの下がり具合をチェック

約90°回旋し、お母さんの背中側を向きます

分娩第2期

陣痛が1〜2分間隔に

破水が起こる

・いきみたくなるがギリギリまで我慢

赤ちゃん誕生❤

約1〜2時間

・痛みがピークに

第3・4回旋

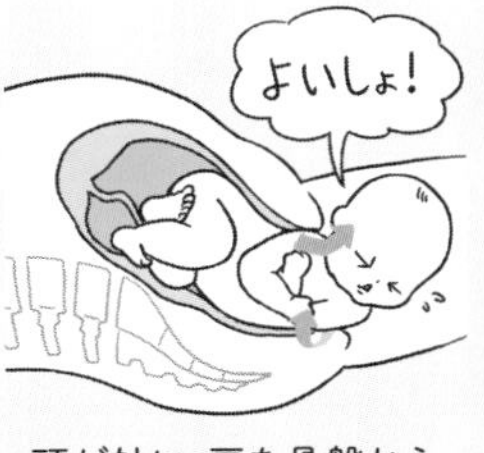

頭が外に。肩を骨盤から出そうと約90°回旋

娩出

肩から足までが外に出て無事に誕生!

・点滴や輸血に備えて血管確保

・分娩室へ

・必要に応じて導尿、会陰切開を行う

分娩第3期

後陣痛により胎盤が外へ

約5〜10分

・子宮収縮薬の投与

・会陰や傷の縫合

・出血量を見ながら2時間は経過観察

遠藤先生の　わが子の出産ドキュメント

果たしてわが子の出産時は？　その様子を完全リポート

奥さんのお産先はバイト先の産院
バイト先お産の3大メリット
①立ち会いできる！
②バイト料もらえる！
③他病院の当直が断れる！
38週以降はバイト先の当直を入れまくっていた私
当直入れて大丈夫なの？陣痛きたらどうすんの？
メールくれたらすぐ入院できるからヘーキヘーキ
しかし、いざ陣痛が始まった時失敗を犯す
今行きます！
バタ
バタ
当直が忙しく、熟睡 気がつけば奥さんからメールが5件も入っており…
受信
陣痛きたかも…
１０分おきかなあ
結構痛いかも…
痛い
4分おき
ゲッ
ねちゃった〜
診察用の手袋を持って、コンビニで食べ物を買って自宅へ
大丈夫!?
おそい〜
すでに子宮口が4cm開いていて即入院！
10cm
4cm
子宮の開き
赤ちゃんの下がり具合
0
10
13
15(h)
この間メールを無視され、奥さんは一人で耐えていた
お…おそ…
ゴメ…ン…
入院後、痛みが本格化
両家の母親が奥さんを励ます
テニスボールもゴルフボールも出番なし夫として全く役に立たない私……
じゅ…順調ですよお
はいリラックス！もうちょっとだよ！

※人工破膜…人工的に膜を破って破水させること

陣痛、本当に乗り切れる？

「鼻にスイカを突っ込む」「腰と腹に定期的にタイキック」「おなかを引き裂かれる」「いつまでたっても出ないウ●チ」などなど。さまざまなたとえで表現される陣痛ですが、かなり痛いのは事実のようです（私は一生経験することはないので、これだ！　という言葉は見つかりませんが……）。なかには野獣のように吠えまくっていた妊婦さんもいます。今まで妊婦さんにビシビシ厳しかった女医さんですら、自分が出産した後はどんな妊婦さんにもやさしくなってしまうくらい大きな転機となるようです。

さて、ひと口に陣痛といっても「お産の流れガイド」（P88〜89）で説明したように、ずっと同じ痛みが続くわけではありません。最初の陣痛は、生理痛程度の痛みのことが多いですし、一過性におなかが張って、その後消失してしまう前駆陣痛というものもあります。

陣痛の定義は、一応「10分以内の定期的な子宮収縮か1時間に6回の子宮収縮が、胎児娩出まで続く」となっているのですが、陣痛と前駆陣痛を見分けるのは難しいため、弱い陣痛の間は一時様子を見るか、どうしても不安であれば病院に問い合わせてみましょう。

では、陣痛中はどのように過ごせばよいのか……。これはもう人それぞれ、千差万別です。寝ころがる人、階段を上り下りする人、四つんばいで耐える人、テニスボールやゴルフボールをお尻に押しつける人、アクティブチェアを利用する人……、どんな方法でもよいのでだんだんと陣痛が強くなってくるのを待ちましょう。

ただ、ひとつだけ注意点が。子宮の出口が全開大になるまでは、どんなにおなかが痛くなっても、なるべくいきまないこと。「いきみを逃す」なんて表現をしますが、子宮口が開ききる前にいきんでしまうと、赤ちゃんに余計なストレスがかかってしまったり、子宮の出口が傷つく原因になってしまいます。

とてもツライでしょうが、なるべく分娩台まではいきみを逃すことを心がけましょう。どうしても陣痛を乗り切る自信がない場合などは無痛分娩という選択肢も。医師に相談してみてください。

遠藤先生の伝えたいこと

- 陣痛と前駆陣痛の判別はつきにくいので、最初は様子を見るべし
- 陣痛中の過ごし方は自由だが、子宮口全開大まではなるべくいきみを逃す

陣痛中のお役立ちグッズ

クッション
イスやベッドの背もたれに置くともたれる時に便利

うちわ
かなり汗だくになるので、あおぐだけで快適な気分に

テニスボール
陣痛中にお尻のあたりに押しつけると痛みがやわらぐ

飲み物
飲みやすいようストローがあるとベター

これらのグッズは病院で用意されていることが多いですよ!

遠藤先生からひとこと

分娩の最初の時から緊張しすぎるといざお産の際に、体力がなくなる!! ってことも多いので、体力を温存しつつ、陣痛を乗り切りましょう。

「おしるし」ってみんなあるの？

「おしるしがこないから当分産まれなさそう」「おしるしがきたから、もうすぐお産になるかも」など、妊婦さんのおしるしに対する知識はそれぞれのような感じがします。まずはスタート地点に戻って「おしるしってそもそもいったい何？」ということから説明しますね。

おしるしとは、子宮の出口が開く時に起こる少量の出血のことです。確かにお産の兆候のひとつですが、おしるしがきたからといって「即、陣痛到来〜」というワケでもないですし、おしるしがないまま「陣痛ウェーブ」が始まる妊婦さんもたくさんいます。

昔の人（特におばあさん）は、おしるしのあるなしを非常に気にして毎日のように聞いてくるせいか、おしるしがこないといって、とても心配する妊婦さんもチラホラいます。でも、そこまで神経質になる必要はありませんよ。ちなみに私の妻のおしるしは予定日間近。その後、ピタッと止まり、数日後に陣痛が始まりました。

ただおしるしがあった場合は、お産が近いサインではあるので、その後は激しい運動をしたり、そんな人はいないとは思いますが、「夫婦ふたりで行くのは最後だから」と、遠くに旅行に行ったり……なんてことはしないようにしてくださいね。

遠藤先生の伝えたいこと

- おしるしはお産の兆候のひとつ。
- ただし、なくても心配なし！
- おしるしがあったら遠出や激しい運動は避けて

遠藤先生からひとこと

妊娠満期（臨月）に、お産を早めるために「卵膜剥離」という処置を行うことも。ただ医学的根拠は薄いので最近はあまり推奨されていません。

おしるしはこうやって起こる!

全員にあるとは限らないおしるし。どういうメカニズムで起こるのかをお教えします。

1 最初、卵膜は子宮壁にはりついている

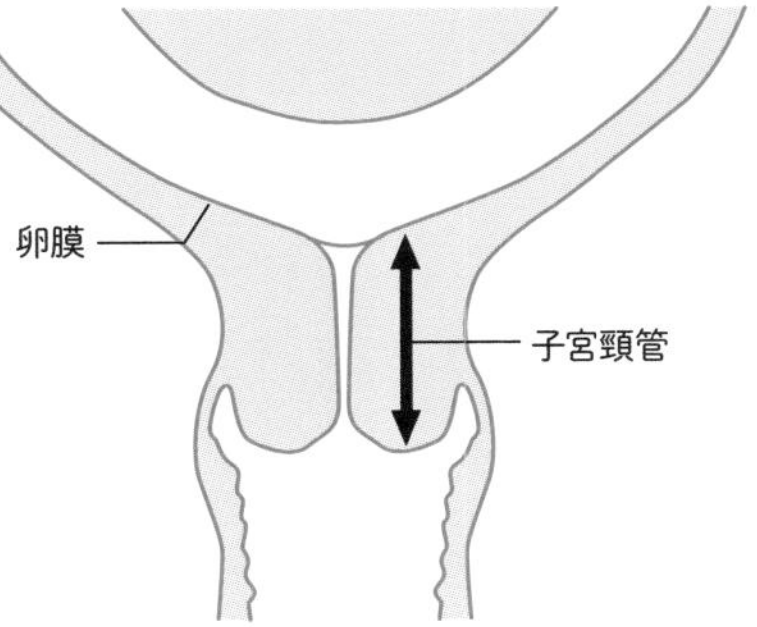
卵膜
子宮頸管

2 子宮の下が開くことにより卵膜が子宮壁からはがれ、出血

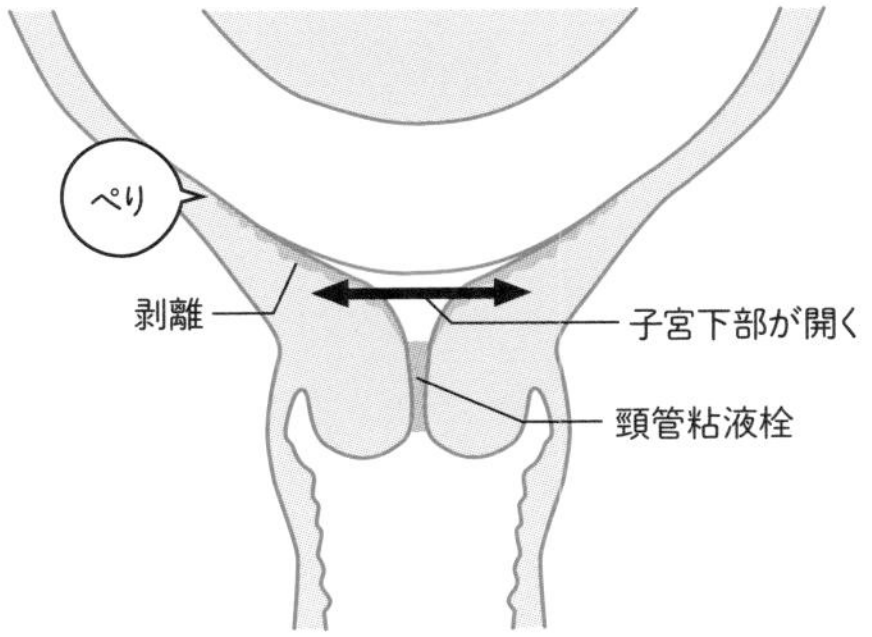
ぺり
剥離
子宮下部が開く
頸管粘液栓

3 頸管粘液栓とともに血液が外へ これがおしるし

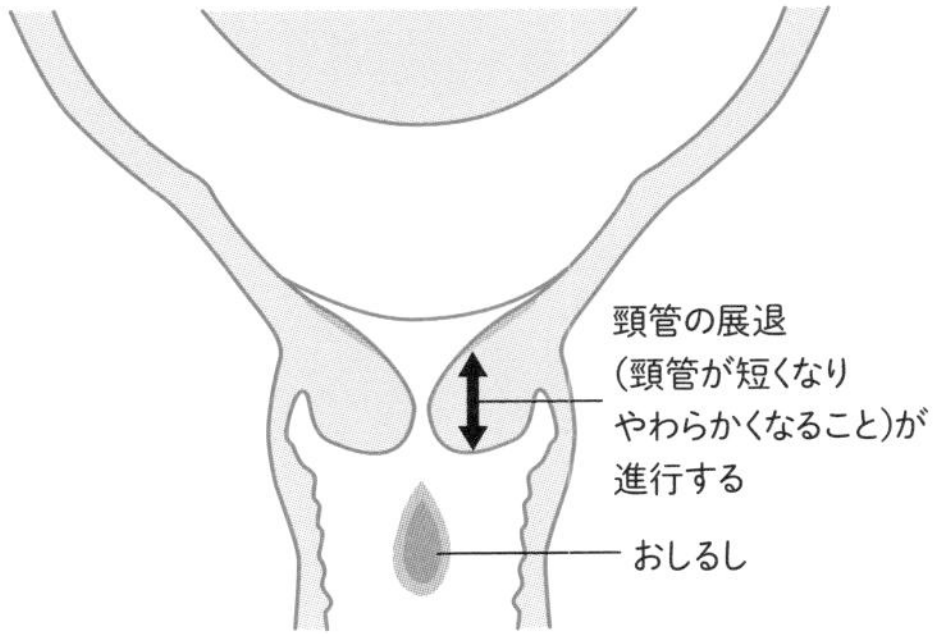
頸管の展退
(頸管が短くなり
やわらかくなること)が
進行する
おしるし

分娩誘発剤なんて使いたくない

「帝王切開なんてしたくない！」「分娩台でなんか産みたくない」「分娩誘発剤なんて使いたくない！」。一時よりはブームが落ち着いたように思いますが、いわゆる自然なお産を目指す妊婦さんが、こぞって口にするのはこの3つのフレーズのように思えます。「自然なお産」を目指す人々から嫌われている分娩誘発剤について、誤解がないようにレクチャーしますね。

分娩誘発剤に用いられる薬で、一般的に多く使われるのが「オキシトシン*」というホルモン。オキシトシンは子宮の筋肉に作用して収縮を促すだけでなく、産後おっぱいを出す作用を持っていたり、最近では「愛情ホルモン」なんてカワイく呼ばれたりします。

さて、分娩誘発剤としてオキシトシンを使う時は、子宮を収縮させる目的で使用されます。妊娠42週を過ぎると、赤ちゃんの状態が悪くなりやすいことがわかっているので、その前の週くらいに「計画分娩」を行う場合や、子宮の収縮が弱く、お産がなかなか進まない場合、破水してしまい、赤ちゃんが細菌に感染する前にお産にしたい時、さらに産後子宮の収縮が悪く出血が多くなってしまう時など、さまざまなケースでオキシトシンが使われています。

もともと体の中で作られるホルモンと同じものを補充するので、赤ちゃんや妊婦さん自身に悪影響があるわけではないのですが、投与量が多くなりすぎると子宮が収縮しすぎてしまう「過強陣痛」を引き起こしてしまうことも。そのため分娩誘発剤を使う際は、数十分おきに使

＊ オキシトシン

子宮収縮剤としてとっても有名な薬剤。お産の時には「分娩誘発剤」として忌み嫌われるのに、産後は「愛情ホルモン」「幸せホルモン」「癒しホルモン」など、多数の通り名を持ち、現在さまざまな分野でもてはやされている。混乱してしまうかもしれないけど、全てひっくるめてオキシトシン。

用量が適正か判断して、調整を行います。

このように産婦人科の世界ではとっても身近で、お世話になることが多い分娩誘発剤ですが、分娩誘発剤の世間のイメージはかなり悪く、この薬を使うと「自然なお産じゃない」（自然なお産の定義も難しいですが……）とか、「医者が楽をするために、昼間の時間帯にお産させたいからだろう」とか、明らかにイヤそうな顔をする妊婦さんもなかにはいらっしゃいます。分娩誘発剤の使い方・使う理由はさまざまですが、ほとんどは**妊婦さんやおなかの赤ちゃんに余計なリスクをかけない**ために使用するということを覚えておいてください。

疑問に思ったら、なぜ必要なのか？　何のために使うのか？　説明をしっかり聞くようにしましょう。

遠藤先生の伝えたいこと

- 分娩誘発剤は体内のホルモンと同じものを使用
- 使う目的は母子にストレスをかけないため

遠藤先生からひとこと

ちなみにオキシトシンは、産後の母乳産生にもかかわりがあり、子宮収縮を促す意味でも重要なホルモンなんですよ。

無痛（和痛）分娩という選択肢

医療と痛みは、切っても切れない仲で、手術の時も、怪我した時も、がんになって体中に痛みが生じる時も、さまざまな方法でいかに痛みを取りのぞくかを考えて医療が発展してきました。誰でも痛いのはイヤですもんね……。それは医師だって同じです。

　さて、医療の世界では、「マギールの疼痛スコア」という有名な表があるのですが（左図）、

マギールの疼痛スコア

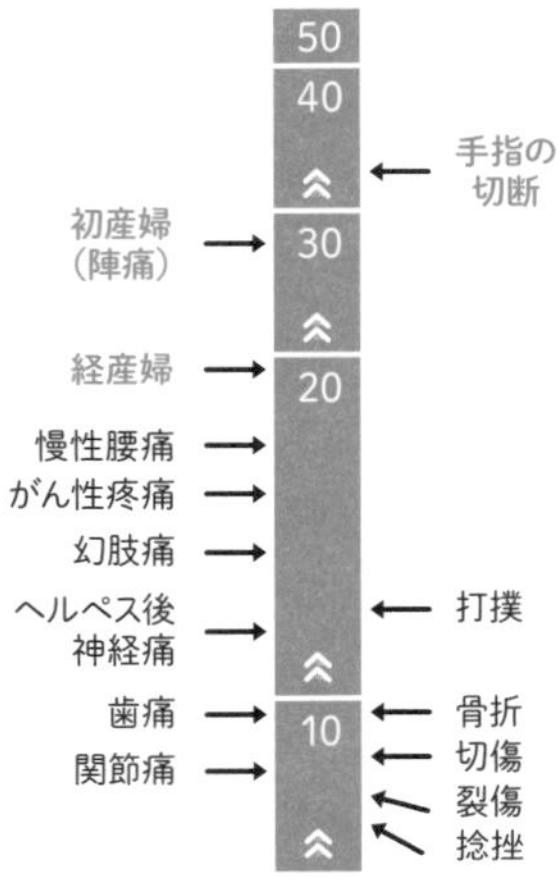
50
40
手指の切断
初産婦（陣痛）
30
経産婦
20
慢性腰痛
がん性疼痛
幻肢痛
ヘルペス後神経痛
打撲
歯痛
関節痛
10
骨折
切傷
裂傷
捻挫

初産婦さんのお産の痛みは、なんと指の切断レベル！　産科医は指の切断レベルの痛みをともなうイベントを、常に目の当たりにしているのか？　と思うとゾッとしますが、現在、日本でのお産の多くは無麻酔での出産です。とは言え時代も変わり、日本でもようやく無痛分娩が浸透してきたように思います。しかしながら、使用する麻酔の方法や、いつから、どこまで麻酔薬を使うのかは施設によって千差万別というのが正直なところです。安全性を重視して、陣痛発来前に産院に入院し、日勤帯のみ最低限の麻酔薬を使用しますよという施設も多いのです。

　それが故に、せっかく無痛分娩ができる遠い施設を選んで高いお金も払ったのに、想像以上に痛かったなんて話（苦情）はよく耳にします（特

に初産の方に多かったり……)。個人的には無痛分娩という名称が誤解のもとのように思うのですが、最近では痛みを和らげる分娩＝和痛分娩なんて呼び方をする施設も増えてきましたね。

無痛（和痛）分娩を希望する際は、理想と現実のすり合わせをしておくことが満足度につながると思います。その施設が、どんな方法で麻酔をかけるのか、麻酔科医が常時待機しているのか、痛みが強くなった際に追加の麻酔を使用してくれるのかなどの情報は、あらかじめ集めておきましょう。施設によっては、事前に麻酔に関する説明会を受けることを条件としているところもあります。これもお互いの意見をすり合わせる工夫のひとつですね。

もちろん本音を言えば、麻酔科医が常に疼痛管理をしてくれる24時間対応の施設を選びたいところですが、日本の産科取り扱い施設は小～中規模であることが多く、そこまでの体制を整えるのはなかなか難しいのが現状なのです。

遠藤先生の伝えたいこと

- 無痛分娩は理想と現実のすり合わせが大切
- 希望する施設の麻酔方針を事前にチェックしよう

無痛分娩の麻酔

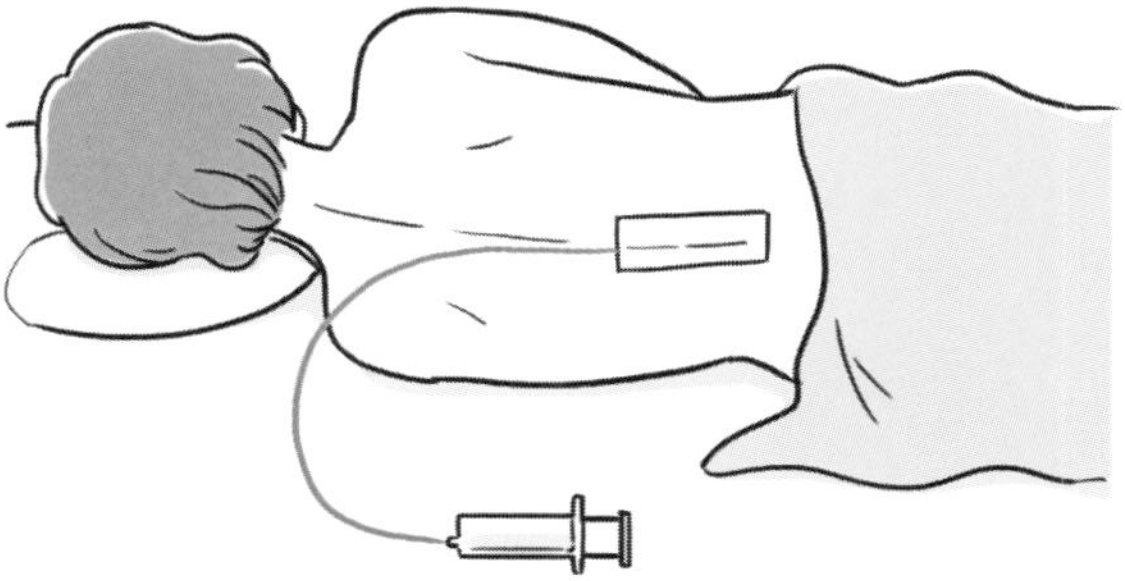

背中側にある硬膜外腔というところにカテーテルをさし、そこから麻酔薬を注入する方法で行われます。

遠藤先生からひとこと

1853年、イギリスのヴィクトリア女王がクロロホルムを使用して無痛分娩に成功して以来、世界的に浸透しました。ただ、これは、今考えるとかなり危ない方法でした。

知っておきたい**急速遂娩**になる時

安産になるためにどんな努力をしてきても、お産が始まってからは何が起こるか予測ができず、すぐにお産を終了させないと命が危なくなることもしばしばあります。お産の最中に赤ちゃんの状態が悪くなった時や、妊婦さんに思いもよらないアクシデントが起こった時に、産科医が切ることができるお産のジョーカーカードにあたる究極の救命方法が、急速遂娩《きゅうそくすいべん》です。

急速遂娩には吸引分娩・鉗子《かんし》分娩・帝王切開の3種類がありますが、帝王切開については、P102で詳しく説明しますので、この項では鉗子・吸引分娩の2つの方法について解説しますね。

これらの方法は、いずれも膣内の赤ちゃんの頭に、スプーンを組み合わせたトングのような

吸引分娩と鉗子分娩

鉗子分娩

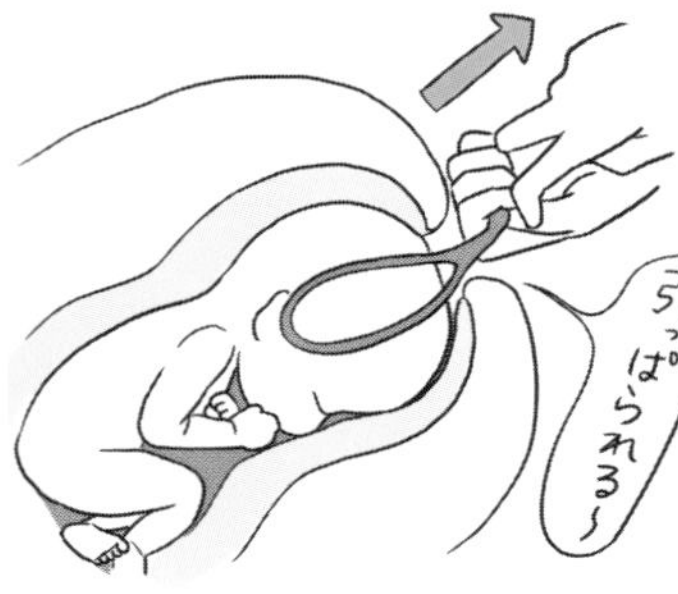

赤ちゃんの頭を鉗子という器具で挟んで出します

吸引分娩

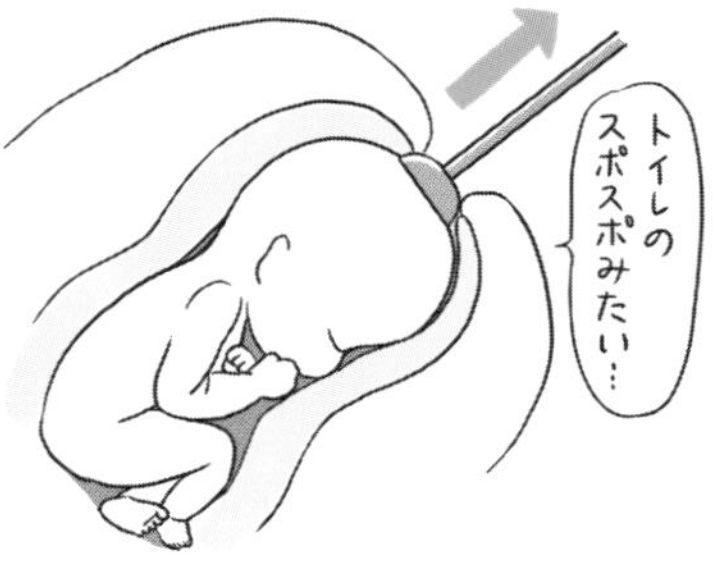

吸引カップという器具を赤ちゃんの頭に圧で吸着させて引っ張って出します

器具である産科鉗子やトイレのスッポン（ラバーカップ）のような吸引カップを取り付け、妊婦さんのいきみに合わせて赤ちゃんを引っ張り出してあげるお産方法です。

どちらの方法も、**子宮口が全開大になっていて赤ちゃんの頭が十分に下りてきている状況で選択できるもの**です。つまり、もう少しでお産！というところまで分娩が進んだ時に鉗子・吸引分娩になるので、自力で産みたいと頑張ってきた妊婦さんにとってはちょっと悔しいかもしれません。ただ分娩が難航したり、苦しい時間が長く続いた後に、急速遂娩が選択されることも多く、「何でもいいから、早く出して!!」とお願いされることも結構あります。いずれにしろ、急速遂娩はあくまで**赤ちゃんと妊婦さんの命を助けるための医療行為**で、必要な処置なのです。

吸引・鉗子分娩は、もともと赤ちゃんの頭がギリギリ通るスペースである腟内に器具を挿入するため痛みをともなうのですが、赤ちゃんの頭を引っ張り出す時に痛みでお尻を動かしすぎてしまうと、会陰・腟壁裂傷が重症化してしまう危険性があります。たとえ鉗子・吸引分娩になったとしても、**しっかりとした体位でお尻を分娩台にピタッとつけていきむ**ようにすると安心ですよ。

遠藤先生の伝えたいこと

- 急速遂娩は赤ちゃんと妊婦さんを助ける大切な処置
- 赤ちゃんを引っ張り出す時は、お尻を浮かさずにいきむこと

遠藤先生からひとこと

急速遂娩で妊婦さんのパニックがひどい時は助産師さんから押さえつけられることも。医師を信じて落ち着いてくださいね！

誰でもわかる帝王切開の基礎講座

妊娠・出産本って、普通分娩については詳しいのに、帝王切開については、情報量が少ない気がします。今、日本では、5人に1人くらいは帝王切開での分娩となるので、しっかりと知識を持っておくことは大切です。そこで、産科医として、妊婦さんの不安が軽くなるよう帝王切開について説明したいと思います。

■予定と緊急の2種類

帝王切開術は、大きく分けると手術の予定をあらかじめ決めておく予定帝王切開と、まさに急に手術となる緊急帝王切開の2つがあります。予定帝王切開は前回のお産が帝王切開だった場合、逆子、あらかじめリスクがわかっている場合などに適応します。多くの施設では38週前後に行われます。

■予定帝王切開の流れ

背中からさす硬膜外麻酔ともう少し深い位置に薬剤を入れる脊椎麻酔の2つの麻酔を併用します。その流れを左図にまとめてみました。

硬膜外麻酔と脊椎麻酔の併用の仕方

1. エビの体位をとる
↓
2. 針をさす部位を確認する
↓
3. 局所麻酔をかける
↓
4. 本穿刺
↓
5. カテーテル挿入
↓
6. 麻酔の試験投与

ポイントとしては正しい体位（エビ）をとることと、何があっても動かないことの2点です。麻酔では痛みはとれるけど、感覚全てがなくなるわけではないので、「麻酔が効いてない!?」

遠藤先生からひとこと

施設によってはいつ帝王切開になってもいいように、妊婦さん全員に手術の説明用紙を渡すところもあります。

とびっくりするかもしれませんが、それが正常ですのでご安心を。

手術は30分でだいたい終了します。気になるおなかの切り方ですが、予定帝王切開の場合、リスクがなければ傷の見た目がきれいな横切開がポピュラーです。ただし、おなかの両脇に神経や血管が走っているため、術後ピリピリしたような感覚が残ることがあります。また、緊急時は縦に切って処置します。

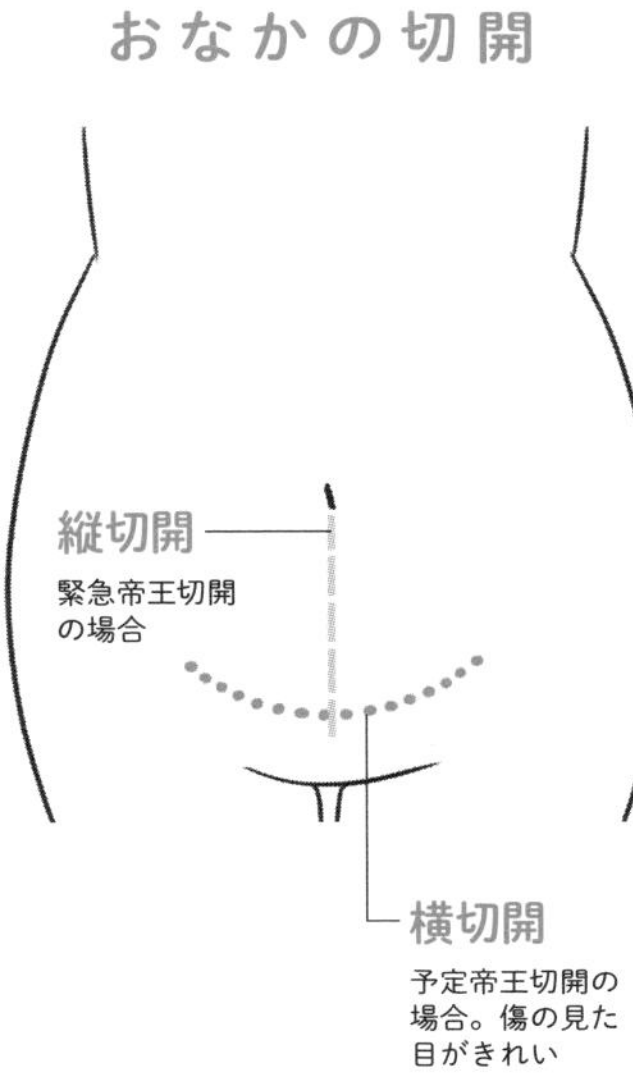

■緊急帝王切開の流れ

一方、胎盤がはがれてしまう常位胎盤早期剥離や子宮破裂など、可能な限り早く赤ちゃんと妊婦さんを助けなければいけない場合も帝王切開術になります。この場合は、帝王切開が必要と判断してから、30分以内に赤ちゃんを娩出させることが推奨されています。その間に手術する判断、本人とパートナーへの説明、手術のための準備、人員確保、麻酔をし、手術となるのでかなり大変です。特に緊急性が高い時は、全身麻酔をすることも。赤ちゃんを早く出すために、おなかも縦に切ることが多くなります。

遠藤先生の伝えたいこと

- 帝王切開には「予定」と「緊急」の2種類がある
- 緊急の場合は手術の判断から分娩まで30分以内に行われる

遠藤先生からひとこと

最近は帝王切開の傷のケアに、医療用シリコンシートがすすめられています。医薬品ではないのでネットでも手に入りますよ。まずは医師に相談してみてください。

会陰切開、正直言って怖いです

「会陰切開はしてほしくない」「怖いから絶対にイヤ……」そうですよねえ。もちろんやらずにすめばそれに越したことはないですが、医師としては、「会陰切開をしたほうが安全そうだなあ」と思うケースも意外と多いんです。

会陰切開は、左図のように会陰の右か左下方、もしくは正中に切開を入れる方法で、ほとんどは局所麻酔を打ってから行います（無痛分娩は必要なし）。切開をする理由は、赤ちゃんの頭が大きくてなかなかお産にならない場合や、鉗子・吸引分娩の場合などです。「なんとか切開しないで粘りたい！」という妊婦さんも多いですが、赤ちゃんにストレスがかかったり、産後、子宮が膣からはみ出てしまうなんてことも。

さらにもっとも注意しないといけないのが、会陰裂傷の重症化です。重症になると、膣と隣り合っている直腸まで裂けてしまうことが！　そうなると手術が必要だったり、リスクが大きいので、会陰切開でリスクを下げることができることも考えておいてください。

会陰切開のしかた

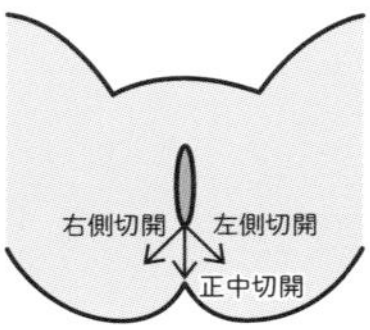

膣から肛門に向かってまっすぐ切開するのが正中切開で、膣の下からななめに切るのが、左（右）側切開です。左右は施設で異なります。

遠藤先生の伝えたいこと

- 必要に応じて会陰切開をしたほうが、産後のリスクを減らせる
- 会陰裂傷は重症化すると大変なトラブルに

遠藤先生からひとこと

今はほう合の際の糸も溶ける糸を使うので抜糸の必要もありません。安心してくださいね。

上手ないきみ方のコツ

子宮口が全開になって、赤ちゃんの頭が下りてくると、いよいよいきんでお産になりますが、いきみの上手・下手って、正直かなりあります。あれもこれも書いてしまうと、分娩時にはきっとパニックになってしまうと思うので、上手ないきみ方のコツを3つに絞ってお伝えします。

1 姿勢が大事!

お尻を分娩台にぴったりとつけて、いきむ時は自分のおへそをのぞきましょう。いきむ時に手元のレバーを引っ張り上げるようにすると、自然とお尻がくっつきます。

2 いきむ時は息をなるべく漏らさない!

子宮収縮に合わせていきむ時は、直前に助産師から「息をいっぱい吸って〜、はいっ!いきんで〜!」と声をかけられると思います。しかし、最初にためこんだ空気がいきむ際に漏れると、残念ながら一緒に力も逃げてしまいます。逆に収縮がない時は、赤ちゃんに酸素を送るように深呼吸を。

3 顔ではなく、骨盤に力を入れる!

いきむ時に顔が真っ赤になっている妊婦さんがいますが、実は顔にはかなり力が入っているのに、骨盤に力が届いていないことに!ひどい便秘のお通じ時をイメージして、お尻でいきむように。この3点を覚えておけば、きっとお産を乗り越えられます。ファイト!

遠藤先生の伝えたいこと

- いきみの上手・下手がお産を左右する
- 3つのポイントを押さえて安産を

遠藤先生からひとこと

病院によっては分娩中、部活の先輩のような、かなりスパルタな医師や助産師に当たってしまうことも。そこは、もう頑張って乗り切っちゃいましょう♪

実録！ 母体搬送

全ての妊婦は母体搬送になる可能性があることは知っていても、実際の流れは、経験したことがない限り知る由がないと思います。ここでは、そんな母体搬送の流れを、臨場感が伝わりやすいであろう医師側の視点から紹介します！

母体や胎児に異常があり、この施設では対応できない！　そんな時に、母体搬送が決定されます。もちろん、1分1秒を争うケースがしばしばあります。

まず始まるのが病院探し。母体搬送が他の救急搬送と違うところは、ふたつの命を助けなければならないことです。そのため、産婦人科と新生児科の両者が受け入れ可能な病院を探さなくてはなりません。そこで重要なのが、胎児の在胎週数です。特に1000gにも満たない（おおよそ妊娠28週未満）、とても小さな赤ちゃんの治療には非常に高い専門性が必要で、受け入れ可能な病院は各都道府県内に数えるほどしかありません。

昔は、搬送を決定した医師自身が、近くの病院からしらみ潰しに電話して搬送先を決めました。自分ひとりしか当直医がいない病院で母体搬送が発生した時には、他の出産が重なったり、数々の病院から搬送を断られたりして、大変な思いをしたものでした。現在では、母体搬送電話を一括して受け、搬送先病院を探してくれる「コーディネートシステム」を、多くの自治体が採用しているので、手順が簡素化され、搬送先決定までの時間も大幅に短縮しました。近年の東京都のデータを見ると母体搬送決定から搬送先が決まるまで、およそ10分という速さ！

さて、搬送先が決定されたら、すぐに救急隊に連絡します。日本の救急隊の現場到着所要時間は全国平均で10分を切ります。つまり搬送決定からここまで30分未満、妊婦さんはあれよあれよという間に、搬送先病院に向けて出発します。この際、パートナーや付き添い家族を待つ時間はありません。その場で家族の同乗ができない場合は、各自で搬送先病院に後追いしていただきます。

さて、ここからは搬送を受ける側の視点になります。母体搬送を受けた時点で、搬送先のスタッフたちは、到着後すぐに帝王切開ができるような準備を整えています。緊急性が非常に高いケースでは、帝王切開の決定から赤ちゃんの娩出まで30分以内が望ましいとされているためです。救急車が到着してすぐの診察で、そのまま手術室に直行するなんてケースも！　そうなると、ご家族が本人に対面できるのは、緊急帝王切開を終えた後ということになります。まさに1分1秒を争うのが母体搬送なのです。あまりの展開の速さに気持ちが整わないまま不安になってしまうかもしれませんが、その後ろには、**地域を支える全ての医療従事者が、命を救うために連携している**ことを覚えておいてくださいね。

遠藤先生の伝えたいこと

- 母体搬送は、とてもバタバタ
- たくさんの医療従事者が連携していますので安心しましょう

遠藤先生からひとこと

伊豆半島唯一の総合周産期センターに勤務していた時は連日のように母体搬送がありました。

出産

勝手に加入させられた？ 産科医療補償制度とは

妊娠中期に産院からよくわからない資料を渡されて、勝手に保険に加入させられたんだけど……みたいな話を耳にしたことはありますか？　実はこれ、「産科医療補償制度」というしくみです。

世間の皆さんに産科のイメージを聞くと、「訴訟が多くて大変そう」と返されることが多いです。実際にその通りで、２００４年に起きた福島県立大野病院事件を筆頭に、訴訟に発展したり、ニュースに取り上げられてしまう事故が他の診療科よりも多いように感じます。そのイメージからか、産婦人科を目指す医師が激減してしまった時代がありました（私は、まさにその時代に産婦人科医を目指すことになったのですが……）。

医療の発展により出産がとても安全になった反面、どんなにきちんと対応したとしても、新生児に障がいや後遺症が発生してしまう分娩をゼロにすることはできません。安全な出産を当たり前のように想像していたために、トラブルが起きた際にご家族がパニックに陥ってしまう心情はよくわかりますし、やり場のない怒りが訴訟に発展してしまうケースもあるわけです。

そこで２００９年に発足したのが、産科医療補償制度です。無過失補償制度と呼ばれるしくみで、医療機関側に過失がなかったとしても、出産によりお子さんに脳性麻痺が生じてしまった場合には総額３０００万円が支払われるというものです。まだ発足から15年程度の新しい取り組みですが、これまで蓄積されたデータから補償対象を可能な限り広げたり、余剰金を掛

遠藤先生からひとこと

産まれてくる赤ちゃんの家族、医療機関両方にとって大事なしくみなんですよ。

け金減額のために使ったりと、よりよい制度になるように常にブラッシュアップしている最中です。

建前上、掛け金を支払うのは制度に加入した分娩取扱施設ですが、現状、**国内分娩取扱施設がほぼ100％加入**している上に、掛け金は各保険組合から分娩時に支払われる出産育児一時金に上乗せされている形になっていますので、国全体で運用している制度と認識してよいでしょう。

遠藤先生の伝えたいこと

- 産科医療補償制度は、ほぼ全ての分娩取扱施設が加入している
- 掛け金は、出産育児一時金に上乗せされている

制度のしくみについて

補償のしくみ

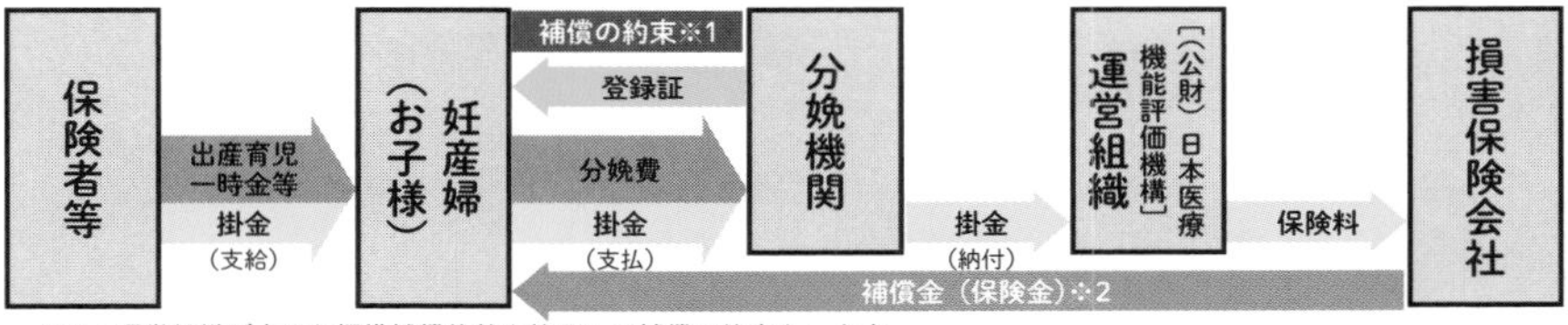
保険者等
出産育児一時金等
掛金
（支給）
妊産婦（お子様）
補償の約束※1
登録証
分娩費
掛金
（支払）
分娩機関
掛金
（納付）
運営組織
〔（公財）日本医療機能評価機構〕
保険料
損害保険会社
補償金（保険金）※2

※1：運営組織が定めた標準補償約款を使用して補償の約束をします。
※2：運営組織にて補償対象と認定されますと、運営組織が加入分娩機関の代わりに保険会社に保険金を請求し、保険金が補償金として支払われます。

◎この制度は分娩機関が加入する制度です。
◎加入分娩機関で出産された場合（22週以降の分娩）には、保険者から支給される出産育児一時金等に掛金相当額が加算されます。補償に向けた掛金は分娩機関が納付します。

原因分析・再発防止の機能

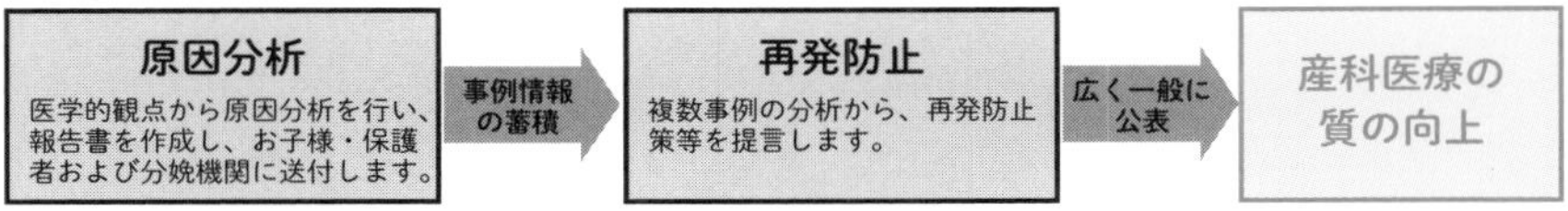
原因分析
医学的観点から原因分析を行い、報告書を作成し、お子様・保護者および分娩機関に送付します。
事例情報の蓄積
再発防止
複数事例の分析から、再発防止策等を提言します。
広く一般に公表
産科医療の質の向上

◎原因分析・再発防止は、保険者から支給される掛金等で運営されています。

補償金額

補償内容	支払回数	補償金額
準備一時金（看護・介護を行うための基盤整備のための資金）	1回	600万円
補償分割金（看護・介護費用として毎年定期的に支給）	20回	120万円／年

出典：公益財団法人 日本医療機能評価機構

COLUMN 2

立ち会い出産を希望した時の注意点

最近はパートナーはもちろん、子どもやおばあちゃんまでお産の立ち会いを希望し、許可する施設も増えてきました。スタッフから「立ち会い出産すると、人生観が変わるよ！」なんて言われて、出産に立ち会う気になったパートナーも増えていると思います。

私の意見としては、立ち会いをしてもしなくても、将来的に子どもに対する愛情が変化するとは思わないのでどっちでもいいかなあと思います。医師としては、「立ち会い出産にはあんまり向かないかなあ」と思う方もいますので、お教えしておきますね。

ひとつ目は、血が苦手な人。女性は毎月、生理の出血を経験しているので、比較的血を見るのに慣れているのですが、男性は女性に比べて血に弱い方が多いんです。実際に、お産の血を見て気持ち悪くなってフラフラになりながら立ち会いしていたり、倒れてしまうかたもいらっしゃいます（プロのたまごである研修医ですら、出産の現場を見ていて倒れてしまう人がいるんですよ）。

また、生臭いニオイが苦手な人も要注意。一見、清潔できれいな分娩室ですが、羊水と血液が混じったような、一種独特のニオイがどうしてもしちゃいますからね。

さらに緊急時に平静を保てなくなってしまう方。

何度もこの本でも書いていますが、お産は何が起こるかわかりません。急に帝王切開になったり、産まれた赤ちゃんが元気がなく、救命処置を取らねばならないこともしばしばあります。緊急時はスタッフ全員で迅速に対応しなくてはならないのに、パートナーがパニックになったり、フリーズ状態になったり、あげくに気を失ってしまうと、はっきりいって困ってしまいます。立ち会い分娩を希望する・しないは自由ですが、「俺、苦手かも……」という方には、強制しすぎないほうがみんなのためにいいかなあと思います。

最後に、妊婦のお母さんも一緒に立ち会いしている場合に多いのですが、赤ちゃんが産まれた後にお母さんとパートナーが盛り上がりすぎて、肝心の妊婦さんが置き去りにされることも……。まずは頑張った本人をいたわってあげましょう。

いずれにしろ立ち会い出産のマナーとしては、赤ちゃんが産まれたとしてもお産が終了していないことを知っておくこと。胎盤が出るまでの間に思わぬアクシデントが起こることもあり、早急な対応が必要な時もあることを念頭に入れておきましょう。

第3章

出産後のために覚えておいてほしい産後の話

産後

分娩後も戦場だ！

「大変な思いをしたけれど、ついに赤ちゃんが生まれた！」

「これでお産を無事乗り越えた！」

出産が終わった直後に、赤ちゃんとふたりでスヤスヤ眠っている姿を想像する妊婦さんが多いかと思います……が、分娩にはロスタイムが存在します。

＊分娩後に起こる代表的なアクシデントは、いずれも出血や強い痛みをともなうものばかりです。脅すわけではないですが、出産後も何が起こってもおかしくないのがお産ですから、医療スタッフは産後2時間くらいまではある程度、緊張の糸をはっておく必要があります。

もちろん、2時間じーっと母体の経過だけを見守っているわけではありません。赤ちゃんが生まれる前も戦場ですが、生まれた後も医師、助産師たちにとってはまさに「戦場」です。

まずはお母さん。赤ちゃんが無事に誕生したことと、出産の疲れからホッとしている間に、赤ちゃんとお母さんをつないでいた胎盤を娩出したり、大きくなった子宮がきちんと元に戻ろうとしているかをチェックしたりします。さらには出産のダメージで腟や会陰などに裂傷がな

＊分娩後に起こるアクシデント

弛緩《しかん》出血
産後子宮の収縮が悪く出血が増えてしまうこと。

子宮内反
子宮の頭が内側にひっくり返ってしまう症状。結構な痛みと出血がある。

腟壁血腫
分娩後数時間で腟壁内に血の塊ができること。かなり痛い。

癒着胎盤
産後胎盤がはがれないトラブル。最悪子宮摘出の可能性も。

いか、また会陰切開をした場合は、局所麻酔をして傷の縫合などを行います。また、出血量や悪露《おろ》（分娩語の子宮から排出される分泌物）の状態などをチェックしたり、血栓予防のために、脚に弾性ストッキングを着用させたりします。

一方で誕生した赤ちゃんですが、まずは蘇生の必要があるかないかを判断します。その後に体を温めたり、血液などが付着した体をきれいに拭きます。さらに、呼吸状態のチェックをしたり、鼻の穴にカテーテルを入れるとせきやくしゃみなどの反応があるかを確認、そして全身の診察を行います。

……と、出産後もやらねばならないことが盛りだくさんなんです。もちろん、この間はお母さんと赤ちゃんはゆっくり休んでくださいね。

遠藤先生の伝えたいこと

- 大出血はロスタイムに起こりやすい
- 母子ともに産後にチェックすることがたくさんある

［産後に行われる処置］

お母さん	赤ちゃん
☑ 胎盤の娩出	☑ 体をきれいに拭く
☑ 子宮収縮のチェック	☑ 体を温める
☑ 傷のチェック。場合によって縫合	☑ 呼吸状態のチェック
☑ 産後出血の有無、経過観察	☑ 出産後の診察

遠藤先生からひとこと

お産直前の妊婦さんの子宮に流れ込む血液量は毎分約1ℓ。胎盤がはがれた後の子宮からの出血は一刻も早く止めなくてはならず、まさに分娩後は戦場なんですよ。

お産入院中にやっておきたいこと

お産が終わった後の入院期間は、お母さんの体力回復と赤ちゃんとの過ごし方を学ぶ時間です。特に赤ちゃんの扱い方に関しては、助産師から習います。もちろんわずか数日で全て完璧にできるわけではないので、最低限知っておきたいことを覚えるつもりで過ごしましょう。

でも初めて赤ちゃんをだっこする時って怖いですよね……。グニャグニャしていて、軽くて、皮膚も薄くて。実は私も赤ちゃんを扱うのはかなり苦手（笑）です。「あれだけお産に立ち会ってるのに！」と思うかもしれませんが、それとこれとは話が別でして……。産後の赤ちゃんに対してはわりと恐る恐る接しています。しかし一見弱そうに見えても、もう立派な命なので、赤ちゃんたちは見た目よりもとても強いです。

ただひとつだけ注意しておきたいのが、腰や首はまだ固定されていない、いわゆる「すわっていない」ということです。私たちは普段、立っている時も座っている時も、頭をまっすぐに立てていることができますが、赤ちゃんはそれができません。狭い産道をスムーズに通るためにそうなっているのですが、生まれた後はしっかりと首を固定してあげることが大切です。だっこする時も、体を起こす時も、沐浴する時も、首を守ることを意識するように心がけましょう。

遠藤先生の伝えたいこと

- 入院期間は体力回復と赤ちゃんのお世話を勉強する時間
- 赤ちゃんを扱う時は、首に注意！

遠藤先生からひとこと

母子同室の場合、夜に赤ちゃんの泣き声で何度も起きてしまうことも。体が休まらない時は助産師に相談するのもおすすめです。

赤ちゃんが小さく生まれたら（NICU、GCUの話）

赤ちゃんが小さく生まれてしまったり（未熟児）、呼吸の状態が思わしくなかったりした場合は、入院が必要になります。赤ちゃんの入院施設にあたるのが、新生児集中治療室（NICU）と継続保育室（GCU）と呼ばれるお部屋です。特に、早い週数でお産になってしまった場合は、NICUへの入院が必要となります。

NICUでは、クベースと呼ばれる保育器で赤ちゃんの状態を見ていきます。この保育器は温度・湿度・酸素濃度を一定に保つことができるハイテク機で、小さい赤ちゃんを見守るには必須の医療機器です。お母さんは搾乳しておっぱいを届けるかたちで赤ちゃんを成長させていきます。

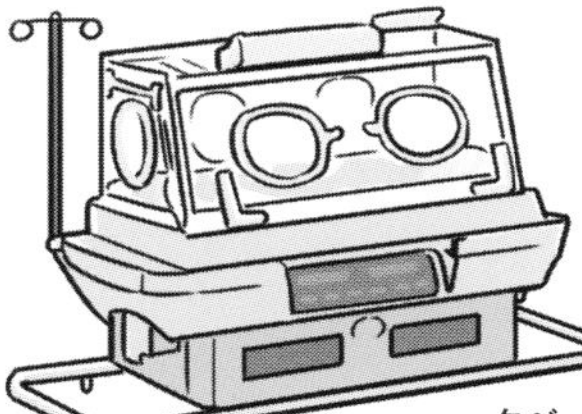

クベース

呼吸状態が落ち着き体重も十分に増えてくるとGCUにお部屋が移り、継続して赤ちゃんの成長を見守ります。施設によりやや差がありますが、体重が2300g前後でミルクをしっかり飲めることを退院基準にしている施設が多いようです。

万一、NICUに入院になっても不安がらず、ぜひ積極的に赤ちゃんの顔を見て触れあってくださいね。

遠藤先生の伝えたいこと

お母さんは不安になりすぎず、頻繁に会いにいくことが何よりも大切

遠藤先生からひとこと

自分の子どもが生まれた後、病院の助産師に沐浴を教わったのですが、かなりおっかなびっくりで笑われました。

母乳は「産めば出る」ワケじゃない？

「赤ちゃんが生まれたら、すぐにカンガルーだっこして初めてのおっぱいをあげる！」おそらく多くのお母さんが抱く出産直後のイメージですよね。

でも実際はすぐに母乳は出ず、赤ちゃんはちゅぱちゅぱ乳頭を吸っているだけのことがほとんどです。まずは母乳がどう作られ、出てくるのかについて説明します。

なんと母乳は血液から作られます。他の動物も同じで、私たちは普段、牛の血液からできた液体（牛乳）を飲んでいることになります（こう表現すると、ドラキュラみたいですが）。というわけで、血管からおっぱいの中にある乳腺という部分を通ると母乳が作られるのですが、実はそのしくみについては、わからないことが多いのです。そのため母乳については玉石混交の意見があり、その情報の多様さから、お母さんたちが迷う原因になっているのです……。

さて、できた母乳は乳管洞という貯蔵庫にためられ、乳頭の開口部から排出されます。母乳にはプロラクチン*とオキシトシンという2つのホルモンが関連しています。いずれも赤ちゃんの吸啜《きゅうてつ》（おっぱいを吸う動作）やマッサージによる乳頭への刺激により分泌されます。

プロラクチンの役割は母乳を産生する、オキシトシンの役割は母乳を送り出すことです。つまり産後の授乳とは、ひとつは儀式的な意味、もうひとつは母乳を作り送り出すための刺激を与える意味があるのです。

母乳が出始める時期は人それぞれ違い、産後

＊プロラクチン
母乳を作るのに必須のホルモン。授乳期でない時にあまりにもプロラクチンが多いと無月経になることもある。

すぐに出ることもあれば産後4〜5日目で初めて出ることも。「なかなか思うように出ない……」と、心配になることもありますが、あまり焦らずに、足りない栄養はミルクなどで補ってあげましょう。

遠藤先生の伝えたいこと

産後すぐに母乳が出なくても大丈夫！
最初の吸啜はおっぱいを出す刺激に

［授乳姿勢のいろいろ］

横抱き
ひじに赤ちゃんの頭をのせ、背中あたりを反対の手でおさえます。頭の位置がうまく合わない時はクッションや枕などで調整を。

縦抱き
お母さんの太ももに赤ちゃんをまたがらせるように垂直に座らせて授乳します。首とお尻を支え、正面から吸わせるようにするのがポイント。

フットボール抱き
小わきにフットボールを抱えるように赤ちゃんを抱えて授乳させます。乳房が大きくて吸いつきづらい場合などにおすすめです。

［粉ミルクの作り方と飲ませ方］

1 一度沸騰させた70〜80℃のお湯を哺乳瓶に入れる

2 粉ミルクを必要分だけ計量し、哺乳瓶へ入れてきちんと溶かす

3 瓶を水道水などで冷やし人肌になるまで冷ます

4 お母さんの手にミルクを垂らして温度を確認

5 だっこして赤ちゃんに飲ませる

6 飲み終わったら背中をトントンしてげっぷをさせる

遠藤先生からひとこと

完全母乳でいきたい！　という人は多いのですが、実際に完全母乳で育てられるのは30〜40％程度。長い目で見れば赤ちゃんの成長に差はないので、気にしすぎないように。

乳腺炎でおっぱいがカチカチに

乳腺炎とは、母乳が詰まってしまい、おっぱいが張って岩のようにカチンコチンになる病気です。ひどくなると熱が出たり、バイ菌に感染したりします。母乳が出るしくみは、水道管の先に蛇口がついているようなイメージで、この水道管のどこかが詰まっているのに、水道管に水がたまり続けるのが乳腺炎です。対処法は母乳の作る量を減らす（水を減らす）・たまっている母乳を出す（蛇口を開ける）、の2つが中心。

作る量を減らすには、血管を冷やして収縮させる方法があります。まず保冷剤、氷のうなどで乳房を冷やしてください。保冷剤などは直接あてずにタオルで巻いて冷やすこと。母乳を出すには、腫れているほうのおっぱいを積極的に吸わせる、乳房や乳頭へのマッサージにより母乳を排出させる方法があります。ただし、強くやりすぎると痛みが激しくなることもありますし、乳腺炎をこじらすと細菌感染を引き起こして治療に時間がかかることもあるので、こじらす前に、乳腺炎対応のプロである助産師にアドバイスを求めましょう。

また、乳腺炎には風邪薬としても知られている「葛根湯」がよいといわれています。葛根湯は近所の薬局でも手に入りますので、悪化を防ぐために、初期のうちに内服するのもよいと思いますよ。

遠藤先生の伝えたいこと

- 乳腺炎の対応は、冷やす・出す
- こじらす前に助産師に相談を

遠藤先生からひとこと

乳腺炎の対処法も民間療法が多い分野なのですが、あまり頼りすぎず、ひどくなる前に病院へ!!

産後のおなか、いつ戻る？

妊娠中の体の大きな変化のひとつに、週数が進むにつれて大きくなっていく子宮があげられます。妊娠前50〜100g程度だった子宮は、お産直前にはナ・ナント約1kgに！ これだけ大きいものがおなかにあったら、腰などに負担がかかってしまうのも無理がありません。本当に妊婦の皆さん、お疲れさまです。

産後、子宮からの出血を止めるため、子宮自身がかなり強く収縮します。へその上まであった子宮は、お産直後には、へそ下約指3本分くらいまで縮みます。その後、急激な収縮がやや弱まるため少し大きくなりますが、その後、だんだんと小さくなっていきます。

産後、子宮が戻ることを子宮復古と呼びます。わずかな時間でここまで大きくなったり、小さくなったりする臓器は他にはありません！ 本当に子宮ってすごい臓器だなあ〜と思います。

子宮の大きさ変化

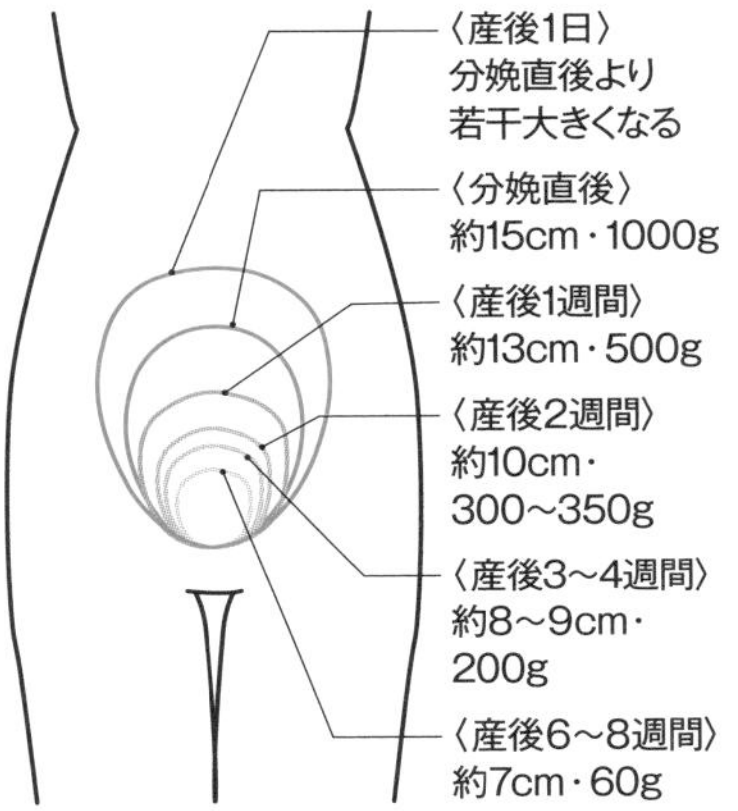
〈産後1日〉分娩直後より若干大きくなる
〈分娩直後〉約15cm・1000g
〈産後1週間〉約13cm・500g
〈産後2週間〉約10cm・300〜350g
〈産後3〜4週間〉約8〜9cm・200g
〈産後6〜8週間〉約7cm・60g

遠藤先生の伝えたいこと

妊娠前50〜100gだった子宮は出産直前には1kgにも！
子宮は産後1カ月半くらいで妊娠前のサイズと重さに復活！

遠藤先生からひとこと

胎盤の一部が子宮に残っていると、子宮復古が順調でなくなります。悪露が鮮血に変わり、大量に出るようなら早めに受診を！

産後

赤ちゃんの体重が減っちゃう……

「元気に生まれて、おっぱいも飲めていそうなのに、赤ちゃんの体重が減ってしまっている……。もしかしておっぱいが足りないんじゃ？」新米お母さんなら心配になってしまいますよね。

実は、産後すぐの赤ちゃんの体重減少は正常な反応なんです。むしろ体重減少が見られないほうが心配な場合も。だから体重が減っても心配しすぎないでください。

生後数日間で認められる体重減少は、生理的体重減少と呼ばれるものです。もちろん生まれるまでお母さんから栄養をたくさんもらっていた赤ちゃんが、たった数日で栄養が全く足りなくなるわけではありません。体重減少の原因は栄養失調ではなく、水分の喪失です。赤ちゃんの体は、私たち大人と違ってみずみずしくてピチピチなのですが、その分、皮膚からの蒸発やおしっこで水分が失われやすいのです。最初の数日は母乳を飲む量も少ないために、入ってくる水分よりも失う量のほうが多く、体重が減ってしまいます。生理的体重減少のピークは生後3～5日目といわれていて、分娩時体重の5％前後が減ります。10％の体重減少くらいまでは自然に経過を見てもよいということになっています。

母乳の出がよくなったり、ミルクをよく飲むようになると、体重減少がなくなり、生後10日あたりからは体重が増えてくるようになります。ただし、10％以上の体重減少や、なかなか体重が増えてこない場合は、哺乳障害による栄養失調や脱水というトラブルが考えられるので、早めに病院で相談しましょう。

家で赤ちゃんの体重をチェックするには、専用の体重計が必要ですが、かさばるし、赤ちゃんが成長した後は使わないし、そもそも退院後に毎日体重測定をすることにそれほど意味はありません。普通の体重計で、赤ちゃんを一緒に量った重さから自分の体重を引いて、おおまかに増えていればOKと捉えてくださいね。

遠藤先生の伝えたいこと

生理的体重減少は、正常
10％以上の体重減少などは病院で相談を

生まれたて赤ちゃんはこんな感じ！

産まれたばかりの赤ちゃんの特徴をポイント別に解説します

目
目はまだぼんや〜りとしか見えておらず、もっともよく見える距離が25cm。にもかかわらず、お母さんを注視することも
体重
体重は生後3〜5日の間で出生体重の5〜10％分くらい減ります
身長
個人差がありますが、身長は50cm前後
頭
髪の毛の生え際より上にひし形のペコペコしたすきま「大泉門（だいせんもん）」があります。生後9〜10カ月頃までになくなります
口
口は通常閉じられ、指などを口の中に入れると吸いつく吸啜反射が見られます。味覚はすでに発達
手足
上肢はWのような形で上にあげ、下肢はMのような形に

遠藤先生からひとこと

毎日赤ちゃんの体重を気にするとかなりナーバスになります。数日〜1週間単位でチェックを。

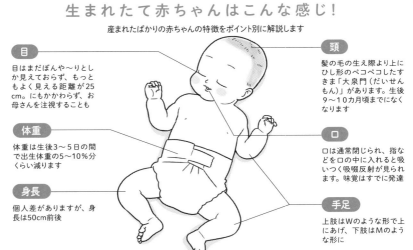

産後うつ、どうやって乗り切ればいいの？

産後はさまざまな状況が変化するので、気分の落ち込みは多かれ少なかれ誰しも経験します。俗にいうマタニティブルーかな？　と放置しがちですが、とても重要なことをひとつ覚えておいてください。それは「マタニティブルー」と「産後うつ」は全くの別物だということです。

マタニティブルーは約半数のお母さんが経験するといわれていて、ホルモンの変化や急激な環境の変化による、一過性のうつ状態です。産後1～2週間くらいで自然に軽快します。

一方、言葉がとってもややこしいのですが、産後うつはマタニティブルーよりも遅れて発症する傾向がある強いうつ状態で、脳の中がいわゆる一般的なうつ病と同じしくみになる立派な病気なのです。

病院で受診していない潜在的な産後うつのお母さんを含めると全体の10～15％の発症率であるといわれ、早いうちにきちんと治療しないと育児放棄や児童虐待、最悪の場合は母子の無理心中を引き起こしかねない危険な状態となります。

現在、日本の家族形態は夫婦と子どもだけで暮らす核家族化が進んでいるので、昔と違って家族が育児を日常的に手伝ってくれる環境を作るのが難しくなり、産後のお母さんは孤立しがちです。

産後のさまざまなストレスを抱え込まないためには、いろんなコミュニティに参加し、人とのつながりを持つことが重要だと思います。お産前から妊婦さん向けのヨガ教室やスイミング

に通ってもよいですし、最近は自治体も積極的に妊婦さんや産褥婦《さんじょくふ》さんに対する支援を行っています。「自分の住んでいる市区町村名　妊婦サービス」などで検索すると、保健師による母親学級や悩み相談、企業と連携したイベントなどの情報を得ることができますので、ぜひ活用してください。

また産後うつには、エジンバラ産後うつ病自己質問票（EPDS）という自分でできるスクリーニング方法があります。ネットで検索すると質問票（P168にもあります）が出てくるので、うつっぽい症状がある、感情のコントロールがつかないなど、「おかしい！」と思ったら一度チェックしてみてください。

遠藤先生の伝えたいこと

- マタニティブルーと産後うつは別物
- 出産前後は積極的に人とかかわってストレスを抱え込まないように

遠藤先生からひとこと

出産後は、自分のまわりの世界が急激に変化するので、思わぬストレスがかかることが多々あります。ひとりで抱え込みすぎないようにしましょう。

産後ケアの真の役割とは？

近年、産後ケア施設・事業が大きな広がりを見せつつあります。私が以前働いていた大学病院でも、自治体と連携して産後ケアの取り組みに早い時期から着手していました。

ひと口に産後ケア施設といってもその形態は千差万別です。ホテルが部屋を提供していたり、セレブ御用達の民間施設があるかと思えば、総合病院で入院期間の延長のようなケアをしたり、助産院が運営しているところなど……。そのため、ケア施設を探しても、戸惑ってしまうことも多いかもしれません。

さて、そもそも産後ケアの取り組みは日本よりも海外でメジャーでした。日本でなかなか広がらなかった大きな理由のひとつに、入院期間の長さがあります。産後1、2日で退院となる国が多い中、日本の産院の入院期間は1週間に及ぶこともあります。その間、日本の産院では1日3食の食事が提供され、授乳や沐浴を学び、産後の生活についても助産師から指導を受け、退院前には医学的診察まで行われます。日本の長い入院期間は、海外における産後ケア的な役割を担っていたとも言えるのです（長い入院期間がいいか悪いかはともかく）。

じゃあ、1週間いろいろなことを学べば母親として独り立ちできるかというと、もちろんそんなことはありません。育児なんてわからないことだらけですし、マイナートラブルだって数えきれないほどあります。それに加え、核家族化も進んだうえに、1人しか子どもを持たない家庭も増えてきていて、産後の女性や家族が孤立しやすい状況に変化してきているのです。

産後ケアの一丁目一番地は、そういった**産後女性の孤立を防ぎ、包括的ケアをすること**なのです。母乳・育児指導だけでなく、家庭環境の悩み事の相談に乗ったり、適切な福祉施設や人材を紹介したりと、その役割はさまざまです。

産後ケア施設には、大きく分けて、**宿泊型と日帰りのデイサービス型**があります。まだ日本では浸透していませんが、訪問型の産後ケアという形態もあります。それぞれの自治体で取り組み方も違うし、助成回数、金額、範囲も異なります。出産前に情報を集めておきましょう。

さて、これら自治体の取り組みは、いわば福祉のセーフティーネットにあたります。このようなシステムは網の目のように張り巡らせておくことが大切で、困った人がどこかの網にタッチしたら、そこに関わる人たちが、適切な施設、団体に適宜つなげていくしくみです。となると、**頼る側は、積極的に網にタッチすることが大事！** 退院して自宅に帰ったものの、不安が増してどうしていいかわからない！ そんな場合は、まずは自治体の産後ケア事業の門を叩くのがよいと思います。出産・育児は、孤立しないことがなにより重要なのです。

遠藤先生の伝えたいこと

- 一丁目一番地は、産後のお母さんを孤立させないための包括的ケア
- 出産前から、自治体が行っている産後ケア事業内容をチェック

遠藤先生からひとこと

負担額がどのくらいになるのかなど、自分の自治体の助成範囲などもチェックしておきましょう。

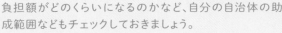

産後

産後の会陰の腫れ、セックス解禁は？

産後のセックスに関しては、あまり医師からもアドバイスをされないことのひとつだと思います。産後1カ月くらいは、産道も赤ちゃんが通ってきたばかりですし、会陰を縫った場合は、糸のひきつれがまだ残っていて、かなり突っ張って痛いですし、子宮からの出血（悪露）も続くので、あまり「セックスしよう！」というご夫婦はいないと思います。そもそも産後すぐに育児が始まるお母さんは、めちゃくちゃ忙しいため、それどころではないですしね……。

　医学的には、産後1カ月健診で、悪露も治まり、会陰の傷もきれいになっていれば、基本的にセックス自体には耐えられると思いますが、正直、傷だけ見ると、「まだ痛そうだなあ……」と思わざるを得ません。お母さんの体力の回復、傷の痛み、気持ちの余裕などを考えて、パートナーと話し合うことが大切です。

　なかなか進まないお産や大きな赤ちゃんを産んだ時、さらに産後腟壁血腫ができた時などは、ちょっと触れただけでわかるほど、信じられないくらい会陰が腫れ上がることがあります。しかし会陰は血流が豊富で、回復がとっても早い部分ですので、ほとんどはそれほど時間を待たずにきれいになります。ですから、産後は焦らず気長にきれいになることを期待しましょう。

遠藤先生の伝えたいこと

会陰の傷はだんだんきれいになってくるので気長に

セックスの開始はパートナーとよく話し合って

遠藤先生からひとこと

会陰を縫合した後の糸のひきつれは退院後もしばらく続きます。糸が完全にとけるのには1～2カ月かかることを覚えておきましょう！

産後の**寝不足**にスマホは天敵!?

退院後は、いよいよ本格的な子育てが始まりますが、初めてのことだらけなうえ、赤ちゃんは夜間でも泣き始めたりしてお母さんの生活リズムは激変し、寝不足な日々が続きます。まさに「毎日が当直」のようです……。

奥さんから「どうしたら短い時間でうまく寝られる？」と聞かれたことがありますが、私は全く参考になる答えが出せませんでした。もともとの特異体質か？　それとも長年当直してきた慣れか？　たとえどんなベッドでも、何度起こされても、当直室の隣で何人の赤ちゃんが泣いていても、「眠れなくて困った」という経験が、ほぼないのです。

しかし、これでは皆さんに何の得にもならないので、必死に考え出した結果、ひとつ大切なアドバイスを思いつきました。「ホッとひと息ついた時にスマホを見ない！」です。

赤ちゃんを寝かしつけた後、やっと自分の時間になると、寝る前にちょっとだけ子育て情報を検索したり、ゲームで息抜きする人も多いかもしれません。でも、夜間にスマホの光を目にすることで、眠気を誘うホルモンである「メラトニン」が産生されにくくなり、入眠に影響を与えます。自分の時間にスマホを手に取りたい気持ちはものすご〜くわかりますが、お母さんの健康を考え、我慢して眠ってくださいね。

遠藤先生の伝えたいこと

産後の寝不足対策は、自分の時間にスマホは見ず、とにかく眠ること！

遠藤先生からひとこと

産婦人科の女医さんも当直慣れしているせいか、出産しても夜に何度も起こされることでナーバスになる人はあんまりいないようです。

初期 中期 後期 出産 産後 婦人科全般 パパ向け

産後

やりすぎ注意!? 赤ちゃんの衛生ケア

空気清浄機・除菌スプレー・ウォシュレットなど、日本人って本当にきれい好きですよね。でもちょっとやりすぎな気もしています。まあ私もウォシュレットがないと、ダメなタイプですが……。

ご多聞にもれず、出産育児本や通販サイトを見ても、やはり赤ちゃんのための除菌グッズがずらりと紹介されています。でも、皆さんに知っておいてもらいたいのは、**きれいと無菌は全くの別物だ！**　ということです。

私たちのまわりには数限りない菌やウイルスがいて、納豆などの発酵食品も菌の一種です。つまり、**私たちは菌とともに生きている**わけです。だから、あまりに潔癖になりすぎると、逆に赤ちゃんによくないケースもあります。

例えば**小さい頃にあまりに菌と触れあわない生活**をすると、**アレルギーを発症しやすい**ともいわれています。

また、お母さん方から多い質問がペットのこと。実際に我が家でも犬を飼っていて、妻から「近づけないほうがいいの？」と聞かれましたが、犬や猫と一緒に暮らしていた赤ちゃんのほうが、アトピー性皮膚炎になる確率が低かったという報告もあるので、私はあまり神経質になる必要もないと思います。

遠藤先生の伝えたいこと

人は菌と共存するものなので、神経質になりすぎる必要はなし！

ペットも常識の範囲で触れあわせれば、アレルギー発症対策になる場合も

遠藤先生からひとこと

赤ちゃんのケアは、毎日の沐浴で汗をやさしく流すだけで十分！　洗浄力の強すぎる石けんを使ったり、沐浴後タオルでゴシゴシするのはおすすめできません。

生理が一向に始まりません……

産後1年経っても生理が来ない……。心配になって産婦人科外来を受診されるお母さんも多いですが、あまり心配しなくても大丈夫です。

産後2カ月くらいで生理が再開する人から、2年経っても再開しない人まで、生理の再開には、実はかなり個人差があります。ちなみに、生理が来ないまま、実は排卵していてそのまま次の妊娠に突入した！　なんて事例もちらほらあります。

さて、出産後の生理の再開は、授乳とも大きくかかわっています。母乳の項（P116）で説明しましたが、母乳を産生するホルモンであるプロラクチンが高いうちは生理が来にくい状態となります。昔は、1歳になるまでには断乳がすすめられていた節もあるため、多くのお母さんが1歳までに生理が再開していましたが、現在は無理して断乳はしなくてもよいという考え方なので、生理再開の時期はより個人差が強くなっているかもしれません（注：授乳中でも生理が再開することも多いので、必ずしも授乳期＝月経が来ないということではありません）。

ですので、1年経って生理が来なくても、あまり心配しすぎずに自然に経過を見てください。ただし冒頭で紹介したように、生理が来る前に排卵していることもあるので、すぐに子どもを望まない時は、必ず避妊をしましょう。

遠藤先生の伝えたいこと

- 生理再開時期は人それぞれ、心配しすぎないでOK
- 生理がなくても避妊はしっかりとしましょう

遠藤先生からひとこと

授乳中に次の妊娠をした時は注意。授乳中に作られるオキシトシンは、子宮収縮を誘発するので、妊娠を機に卒乳も促してください。

産後

これで産科卒業!?
お母さんの産後1カ月健診

赤ちゃんが生まれて1カ月経つと、車や自転車の運転、家事など普段通りに生活してOKということになります。

特に退院後からずっとシャワー浴だったお母さんにとって、この健診で許可が出て、湯船に入ることを心待ちにしている人は多いのではないでしょうか。そうはいっても赤ちゃんがいると、「のんびりリラックスタ〜イム♪」とはいかないと思いますが、湯船にしばしつかるだけでも育児の疲れをいやすことができそうですよね。では健診では具体的にどんな項目をチェックするかを紹介します。

1カ月健診では、おもに妊娠高血圧症候群をチェックするための尿検査や血圧検査、血液検査、さらには体重測定、悪露の量や状態の確認や子宮の戻り具合などをチェックします。さらに母乳育児をしている場合は、おっぱいの状態や母乳の出方なども見てくれます。

この健診をクリアすれば「産科卒業」となるので、退院してから家で赤ちゃんと生活してみて、「あれ?」と思うことがあったら、「まぁいいや」「こんなこと聞いていいかわからないから……」と放置せず、医師や助産師にどんどん聞きましょう。慣れない育児をしながらひとりで悶々と悩むリスクを減らすことができますよ。

遠藤先生の伝えたいこと

産後1カ月健診では、妊娠前の通常の生活に戻れるか確認

健診ではおもに4つの検査を行い、場合によっては薬が処方されることも

産後1カ月健診の内容

うつ病のチェック

問診により産後うつ兆候の有無をチェック。少しでも不安なことや精神的にキツいと感じることがあったら伝えましょう。

傷のチェック

膣・会陰裂傷や帝王切開の腹部の傷の治りを触診したりして確認します。傷跡がつれる、痛みがひどい場合は相談を。

膝の位置を
きちんと合わせておく
浅めに腰掛ける

妊娠高血圧症候群のチェック

妊娠高血圧症候群の症状が出ていないか（あるいは続いていないか）を見るため血圧や尿検査、血液検査を行います。

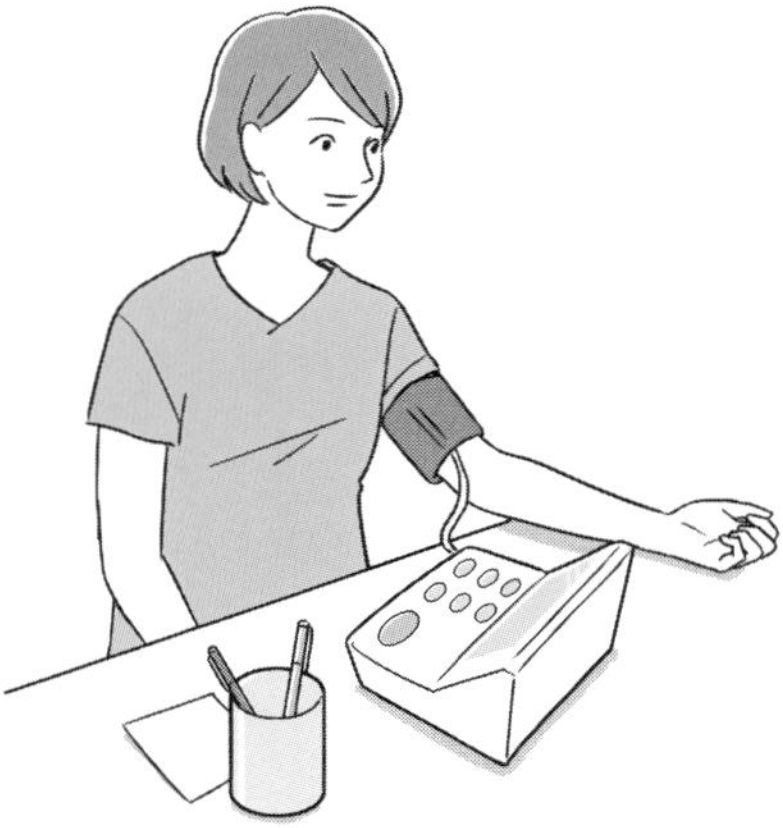

子宮の戻りチェック

悪露の量や子宮収縮の様子、そして経膣超音波検査で子宮内をチェック。胎盤や卵膜が残っていたら薬を処方されます。

遠藤先生からひとこと

産後も高血圧が持続してしまうことが多いので、妊娠高血圧症候群で出産したお母さんは1カ月健診ぐらいまでは、自分で血圧をチェックし、メモするようにしてください。

赤ちゃんの生後1カ月健診のポイント

お母さんと同じく、生後1カ月には赤ちゃんが順調に成長しているかもチェックします。基本は生まれた施設で受診をしましょう。施設にもよりますが、今は生後1カ月よりも前の生後2週間くらいに、プレ健診のようなものを行っている施設もあります。初めての育児で心配な場合や、近くに相談できる人がいない場合は、受診するのもいいでしょう。ただし生後2週間での外出は不安もあるので、できればパートナーや両親などに付き添ってもらえるといいかもしれません。

生後1カ月で赤ちゃんに何をするかというと、体重、身長、頭囲、胸囲の測定、全身の状態の確認、原始反射（赤ちゃんが無意識にする反応や姿勢のこと）のチェックを行います。また、母乳やミルクの飲み具合、睡眠のリズムやうんちとおしっこの1日の回数、刺激に対する反応などを確認するための問診も行われます。さらに、多くの施設で乳児ビタミンK欠乏性出血症を防ぐためのビタミンK2シロップを飲ませます。この健診で問題がなかった場合、「産科卒業」となり、今後は小児科などで受診することになります。

お母さんの健診と同じく、気になることがあるなら聞いてください。育児日記をつけているなら、持参するとスムーズに質問ができますよ。

遠藤先生の伝えたいこと

生後2週間健診は、できれば付き添いの人と一緒に
健診では身長や体重測定、原始反射の確認、ビタミンK2の内服などを行う

生後1カ月健診の内容

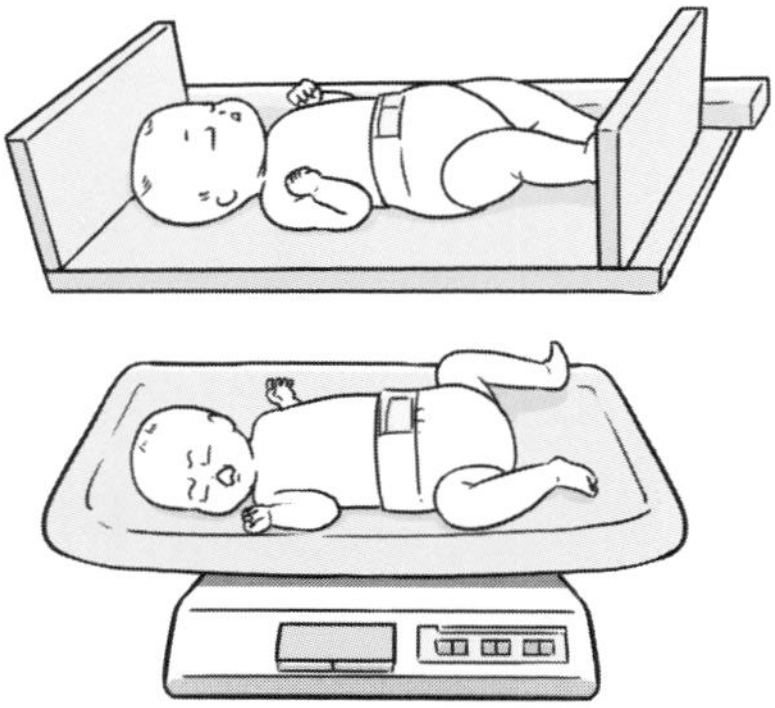

身体測定

体重の増え方や、各部分の大きさをチェック。個人差がありますが、1日平均で20～30gくらい体重が増えていればOK。増え方がにぶい場合は助産師などがアドバイスします。

ビタミンK内服

ビタミンKが足りないと出血しやすくなり、最悪脳出血などの重篤な病気を引き起こします。母乳にはビタミンKが少ないため、1カ月健診で、赤ちゃんにビタミンKを内服させます。

原始反射

生まれた時からあり、成長の過程で消失する反射です。原始反射が見られないと、脳や神経に障がいがある可能性があります。いろいろな原始反射がありますが、赤ちゃんをうつ伏せの状態でおなかを持ち上げ、脊椎の左右どちらかをこすると、こすった側に体幹を傾けるギャラン反射（背反反射）は、赤ちゃんのお尻がプリプリ動いてかなりかわいいです。

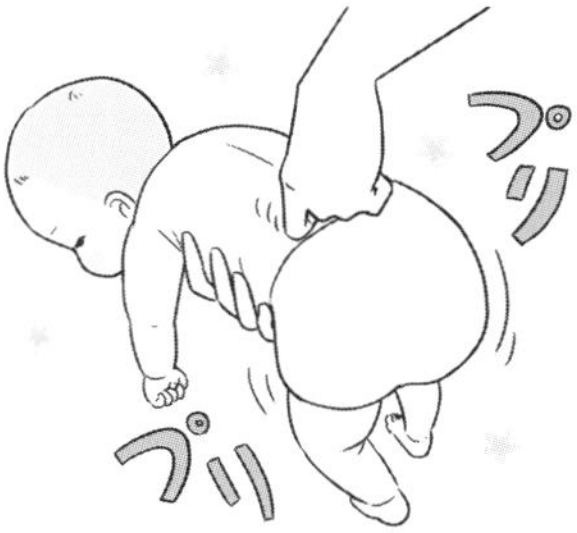

遠藤先生からひとこと

原始反射は、他にモロー反射・原始歩行・吸啜反射・掌握反射など、どれもかわいいものばかり♪　ぜひコミュニケーションの一環としてチェックしてみてください。

どれを受ける？ 赤ちゃんの予防接種

生後2カ月を過ぎると、赤ちゃんの「ワクチン（予防接種）ラッシュ」の到来です。ワクチンとは、あらかじめ体にウイルスや細菌の形を覚えさせて、免疫力をつけることで、将来の感染を防ぐ方法です。予防接種のほとんどは2歳までに一気に行います。たまに「本当の病気にかかったほうがしっかりと免疫がつくから」と、予防接種を受けさせないお母さんがいます。でも、乳児期に本当にかかると命を落とす危険がある病気も多いので、できるだけ接種するよう心がけてください。

予防接種は全部で10種類以上もあり、何が大変かというと「どういう順番で受けていくか」ということです。そこでアドバイスしたいのは、

1 予防接種の最低限のしくみやルールを覚える

2 スケジュールを相談できるかかりつけの小児科をみつける

の2点です。だいたいの小児科では予防接種のスケジューリングを決めていますし、風邪などで接種がずれ込む時の対応なども慣れていることが多いです。

次ページでは予防接種のしくみやルールを理解するうえで、知っておいてほしいワードを解説しますね。

遠藤先生の伝えたいこと

予防接種の時期がきたら2つのポイントを押さえて上手に接種
予防接種についてまとめているサイトを閲覧しておくとベター

予防接種の知っておきたいワード

定期接種

国で定められているもので、絶対に受けなくてはならない予防接種です。定められた期間内に受ければ、公費負担になり、無料で接種することができます。

例：MRワクチン（麻疹、風疹）、肺炎球菌ワクチンなど

任意接種

保護者の意思により接種する、しないを選べます。ただし任意だからといって「かかっても重症にならない」というわけではないので、できれば接種を。

例：インフルエンザワクチン、おたふくかぜワクチンなど

生ワクチン

ウイルスや細菌の力を弱めたものを接種。ごくまれに実際に病気を発症することがあるため、妊娠中は接種NGなものも。次のワクチンを接種するまで4週間あける必要があります。

例：風疹ワクチン

不活化ワクチン

ウイルスや細菌の殻だけを接種します。生ワクチンに比べ免疫をつける力が弱いため、場合によって複数回接種することも。次のワクチンとの接種期間を空ける必要はありません。

例：インフルエンザワクチン、日本脳炎、B型肝炎など

遠藤先生からひとこと

スケジュール管理には「KNOW・VPD!」というサイトがおすすめですよ♪(P162を参照) アプリもあります。

妊娠・出産でかかるお金、もらえるお金

出産でかかる総額は一体どれくらいなのでしょうか？　この項ではお産に関連するお金のリアルについて解説します。

■妊婦健診のお金

妊婦健診の回数や値段は病院ごとに設定していますが、1回の健診で数千円～2万円ほどかかります。

なので、自費だと全て合わせると15万円程度必要です。この負担を減らすために、地方自治体から受け取るクーポン券のようなものが妊婦健診チケットです。全14枚になっていて、地域によってばらつきがありますが、平均して9万円程度の助成を受けられます。チケット以外の、自己負担額は5～10万円程度です（チケットが全てなくなったら全額自己負担）。

■出産のお金

出産した際は、自分が加入している健康保険から助成される総額50万円の出産育児一時金が受給できます（P108の産科医療補償制度の掛け金は引かれます）。病院での分娩費用が50万円以下であった場合は、その差額を受け取ることができます。逆に、分娩費用が50万円を超える場合は、分娩費用から出産育児一時金を引いた金額を自分で支払うことになります。会陰切開や縫合などは分娩費用に入りますが、吸引・鉗子分娩や無痛分娩は追加料金がかかり、自己負担が増える場合も。

■「何かの異常があった場合」

切迫流産・早産、健診中に診断された貧血に対する内服薬……など、何かしらの異常があっ

た場合の診察代は通常の受診と同じく保険診療が適用されます。

■「帝王切開になった場合」

帝王切開の費用は20万円前後ですが、帝王切開術は保険適用。さらに、高額療養費制度というシステムがありますのでご安心を。病院によりますが、普通の分娩も帝王切開でも支払う金額が同じくらいになるように設定しているところが多いです。

遠藤先生の伝えたいこと

妊婦健診には健診チケットを忘れずに！

出産費用は総額で50万円の助成が受けられる

妊娠・出産でもらえるお金

名称	内容	申請方法
出産育児一時金	子ども１ひとりにつき50万円が健康保険から支払われます	直接支払制度を利用する時は、医療機関で渡される書類に記入。受取代理制度と産後申請方式の場合は退院後に加入の健康保険組合に書類を提出
医療費控除	年間（１月１日〜12月31日）の医療費が10万円を超えた場合に確定申告できます。還付額は収入などにより異なります	確定申告の時期に税務署に申請
高額療養費制度	妊娠にまつわる病気での入院や帝王切開などで、１カ月の医療費が一定額を超えた場合、お金が戻ります。戻る額は収入などに応じて異なります	加入している健康保険組合（国保の場合は自治体）へ申請書類を提出
医療保険	医療保険に加入していて、帝王切開などで手術、入院した場合、入院給付金や手術給付金を受け取れます。給付金額は加入保険の条件により異なります	各保険会社指定の用紙を病院側が記入し提出
出産手当	妊娠・出産で仕事を休み（産前42日、産後56日）、産後職場復帰をする方が対象。日給（産前半年の平均金額）の2/3の金額が休んだ日数分支給されます	職場で加入している健康保険組合に書類を産休明けに提出
出産祝い金	会社から出産祝い金が出る場合も。専業主婦でも夫の会社からもらえる場合もあるので、金額なども含めて各会社に確認を	各会社によって異なる

※上記の他に児童手当、乳幼児医療費助成制度など子どもに対しての助成もあるので、出生届を出す際に各自治体に確認を

遠藤先生からひとこと

分娩費用は年々上がっていますので、今後また助成金も変わるかもしれないですね。

産後

次は男の子or女の子が欲しい！

「次は絶対に女の子が欲しい！」「産み分けの方法を教えてください！」などの要望をいただくことは、実は結構あります。産み分けについて調べてみると、男の子を決定するY染色体と女の子を決定するX染色体の性質の違いから産み分けようとしている情報が多いみたいです。

性染色体の重さが違う、膣内を酸性・アルカリ性のどちらかにする、X染色体の寿命のほうが長い、さらにはセックスでの女性の感度で産み分けができる……。ネット上でいろいろな方法が載っていますが、正直どれもマユツバと私は思います（キッパリ！）。

X染色体とY染色体の重さが違うって……確かにものすごく微々たる範囲で違うと思いますが、大学院でガチな研究をしていた身からいわせてもらうと、精液はネバネバだし、精子は球体ではなくて尻尾があって長い形状なので、この重さの違いを遠心分離機できれいに分けるなんて絶対に無理ですよ……。産み分け関連の情報は人気が高く、とてもたくさんのサイトがありますが、よくよく見ると結局は宣伝目的のサイトだったりします。なので、しっかりと情報を選別をするよう心がけてくださいね。

また男女産み分けを自費診療でやっている産婦人科もありますが、正直、「いい商売してるなあ～」としか思いません。どんなに頑張っても産み分けの確率は100％ではないからです。しかも、結果がわかるのは、つわりを乗り越え、胎動も感じ始める20週過ぎくらいからなんです……。この週数になってから、たとえ希望する性別と違ったとしても怒り狂う妊婦さんは正直あんまりいないでしょう。

逆に希望の性別だった場合は、先生が「産み分けが成功したね！　よかったね！」と声をかけて、妊婦さんも「あの病院で産み分けが成功しました！」と宣伝するのかと思うと……。

一方で、産み分けをほぼ100％で成功させる方法があります。それは着床前診断という方法で、受精卵がある程度成長した段階（4細胞期～胚盤胞）で、細胞をいくつか取り出して検査するものです。

しかしこの方法は、男女産み分けをするためのものではなく、流産率が高いことが予想される時に、あらかじめ染色体異常の胚を選択的に取りのぞいて、妊娠成功率を上げるために行われるものです。自然妊娠ではなく、体外受精での妊娠となり、今の日本のガイドラインでは産み分けを希望する人が全員できるわけではありません。

結局のところ、男女の産み分けは、何を信じて、どこまでトライするかは皆さんの判断に委ねられているのです。

遠藤先生の伝えたいこと

男女産み分け方法は、どれもマユツバもの⁉
究極の方法は着床前診断だが、本来産み分けを目的とした検査ではない

遠藤先生からひとこと

やるなら費用との兼ね合いなどで、「うまくいったらいいな～♪」ぐらいの軽い気持ちで……。

産後

次の妊娠までどの程度あけたほうがいい？

これは難しい問題ですね……。WHOのガイドラインでは、前回出産から次回妊娠までは、最低18カ月、できれば24カ月あけるべしと推奨しています。妊娠間隔があまりに短いと、子宮破裂や早産などのリスクが上がってしまうためです。産後6ヶ月以内の妊娠になると、特にリスクが高くなります。産後に生理が戻る、つまり排卵が戻る時期は個人差が大きいのですが、特に母乳栄養を選択しなかった場合などは2、3ヶ月で生理が再開する場合も多いので、一定期間の避妊は心がけておいたほうがいいでしょう。ただ、果たして産後2年間も避妊を続けなければならないのかと考えると難しいトコロ。その間に女性自身も年齢を重ねてしまい、妊娠率が低下したり、高齢妊娠に伴うリスクも増えてしまうからです。日本の平均初産年齢は29・5歳（2023年調べ）で、依然として高齢化の傾向があります。何歳だったら何カ月避妊期間を設けるのが適当！　と、明確な線引きをするのは難しいので、担当医とよく相談することが大切です（非妊娠期間についてあまり指導しない施設もあります）。さらに、不妊治療専門施設でも、産後の治療再開時期は個々の施設で基準が変わるので、その辺りも確認しておきましょう。

とりわけ気をつけたいのは、帝王切開や子宮筋腫の手術などの経験がある方の妊娠についてです。子宮を切って縫い合わせているわけなので、子宮破裂のリスクが上昇することは否めません。昔は「帝王切開後は、最低1年は妊娠を避けるべし！」と先輩医師から口酸っぱく指導されたものですが、ひと口に手術と言ってもどんな手術をされたのかは人それぞれで、それを知るのは現場に立ち会った人たちだけです。ですから、術後は担当医に直接、「私は、次の妊娠までどれくらいあければいいいですか？」と聞くのがベスト。

まさにケースバイケースとしか言いようがないですが、少なくとも産後6カ月以内の妊娠は、どんな女性に対してもおすすめできませんということは言えそうです。ただし、たとえ産後早期に妊娠したとしても必ず難産になるわけではないので、不安になりすぎず、分娩先の先生ときちんと話し合うようにしましょう。

遠藤先生の伝えたいこと

- 産後6カ月以内の妊娠は、できるだけ避ける
- 推奨される非妊娠期間は人それぞれなので、詳細は担当医に聞くこと

遠藤先生からひとこと

大きな子宮筋腫や複数の筋腫を摘出した場合は特にリスクが高いので担当医に相談しましょう。

COLUMN 3

遠藤先生のブログに寄せられた

産後、本当に必要なもの

必要なグッズは人それぞれ違う！ ということで、私のブログに寄せられた妊婦さんの声の中から、実際に必要だったグッズの上位をご紹介！ さらに、私自身が役立ったグッズをお教えします。

1 授乳マクラ

・妊婦時代は抱きマクラ、出産後は授乳に使えたから。（ベジマイトさん）
・病院で授乳マクラを試してとても楽だったので、ネットで即購入。（だりえさん）
・授乳マクラなしでの頻繁な授乳は腕が死にました……あって大活躍。（アオイさん）

遠藤先生のコメント

私の奥さんも必須と言っていました。今は娘の枕になっています。

2 哺乳瓶

・最初からジャバジャバと母乳が出ると思っていたが、最初は粉ミルクと混合に。（青色ファイルさん）
・思うように母乳が出ず、1本しかない哺乳瓶を深夜に消毒するのが辛くて買い足しました。（ちゃりさん）
・母乳を飲むのが下手で、哺乳瓶からなら飲めたので。搾乳して飲ませました。（雪兎さん）

遠藤先生のコメント

すぐにないと困るもの。パートナーに使い方、消毒の仕方をマスターさせましょう。

3 赤ちゃんの肌着

・ケチって60㎝用のおさがりを使おうとしたら、ぶかぶかだったので50㎝の肌着は必要。（あやまどりさん）
・おむつからウンチが漏れる、汗をかくなど、予想を超えるスピードで肌着が汚れるので……。（さおりんさん）
・とにかくよく吐く子だったので洗濯が追いつかず、多めに買ってよかったです。（みっちーさん）

遠藤先生のコメント

うちの娘は夏生まれだったので、肌着は大量に購入しました。

番外編 こんなグッズも必要！

★ バウンサー

寝る場所の選択肢があるのはぐずった時に助かります。（チョコさん）
2人目は上の子（2歳）が走り回って赤ちゃんに目がいかず、踏まれかねなかった。（shibaさん）

遠藤先生のコメント

安定して揺れるので、子どもも快適そうでした。

★ ペットボトルにつけるストロー

陣痛、出産、産後、授乳中、とにかく喉が渇くので、便利でした。（波平さん）
陣痛中の水分補給や、産後赤ちゃんのお尻を水で流す時に重宝しました。（まいたけさん）

遠藤先生のコメント

ペットボトルは意外と雑菌がわきやすいので、感染防止の意味でも有効です。

遠藤先生が役に立たなかったもの

ベビーベッド

母のすすめで購入したものの、ほぼ物置状態に……。

睡眠用アプリ

最初は面白がって試したけれど、そんな簡単に寝たら苦労しないですよね。

※妊婦さんの声は制作の都合上、一部文言を変更させていただいております

第4章

実はもっと伝えたい婦人科の話

不正出血は病気の前ぶれ？

さて、ここからは婦人科関連の話も書いていきたいと思います。「妊娠・出産と関係ないじゃないか！」と思うかもしれませんが、それは大間違い！　婦人科疾患と妊娠・出産は関係が大アリなのです。

初婚の平均年齢が上がるとともに初妊娠年齢もアップします。2023年の平均初産年齢は29・5歳、特に大学病院だと妊婦さんの4割以上が高齢出産*なんてことも珍しくありません。

こうした妊娠の高齢化にともなって、無月経や子宮内膜症、子宮筋腫といった婦人科関連の病気を若い頃に放置してしまい、不妊症の原因になったり、妊娠時のリスクが増えたりするケースも多くなってきたのです。

働く女性にとって仕事で忙しいうえに、「婦人科はちょっと近づきにくい……」という印象があるのか、若い頃は、少しくらい生理の異常や不正出血があっても「大丈夫だろう」と思って、病院にかからない人って多いですよね。

ところが不正出血は何らかの病気の前ぶれである可能性も！　場合によっては、「検査をしたら子宮にがんが見つかった」「●●の病気だった」といったケースも（脅かすようですが、医師としては伝えたい！）。なので、産婦人科医としては絶対に放置せずに病院にかかってほしいと思っています。

婦人科に抵抗がある人に、あらかじめどんな検査をするかお話ししましょう。まず不正出血があることを伝えると、内診でがんを調べるための細胞診と経腟超音波でチェックします。こ

＊高齢出産
35歳以上の初産（2人目以降は40歳以上）と定義しています.。

の2つの検査によって、一番怖い病気であるがんだけでなく、子宮・卵巣に発症するほとんどの病気を調べることができるのです。2つの検査で異常がなければ、あとは生理の異常がないかの確認を行います。

無月経の話については次のページに回しますが、細胞診・超音波・生理の状況、いずれも問題なければ、初めて「放っておいても大丈夫な不正出血」と判断できるのです。

「忙しいから〜」と後回しにしたり、「よくあるからノープロブレムだわ」なんて簡単に考えて放置したらダメですよ。

遠藤先生の伝えたいこと

不正出血は絶対に放置しないで！
放置して悪化すると、
将来、妊娠・出産に影響が！

予定日はまだのはずなんだけど…
!!
そう言われましても…

遠藤先生からひとこと

特にがんの方を診察する時に、「あの時病院にかかっていればよかった」といった、ダイレクトな声を聞くと悔しさでいっぱいになります。

無月経になる前のサインを見逃すな！

毎月起こる痛みをともなう出血、女性にとっては迷惑このうえない「あの日」、いっそ「生理なんてなかったらいいのになあ……」なんて、女性なら誰でも一度は思ったことがあるでしょう。しかしそんな皆さんは、そもそも生理について、中学の保健体育の授業以外で考えたことがありますか？

生理とは子宮内膜が毎月はがれ落ちる現象をいうのですが、この子宮内膜は妊娠する時に、赤ちゃんの体のもとである胚がくっつく場所で、言い換えると「赤ちゃんのベッド」となります。

つまり生理とは、赤ちゃんのベッドを作り直すために、毎月古いベッドを交換することなんです。皆さんの子宮は、赤ちゃんを迎えるために毎月フカフカのベッドをせっせと作っていると考えると、本当にすごいなあと思いませんか？　そして、この作業がうまくいかなくなるのが無月経という状況です。

無月経には、生まれた時から一度も生理が来ない原発性無月経と、一度は生理を経験したのに、その後何らかの不調で生理が来なくなる続発性無月経の2つがあり、無月経で悩む女性の多くは続発性無月経です。

生理が終わってから次の生理までには、

1 排卵する
2 ベッドの組み立て

という2つのイベントが起こります。特に重要なのは排卵するしくみで、排卵が成功すると、ベッドの組み立てから捨てるまで（次の生理まで）

自動的に進行します。

この期間にはかなり複雑なホルモンのやりとりが起こるのですが、卵巣で排卵させるしくみを「工場」と見立てて、それぞれの命令を出す部位をいろいろな人物としてイメージすると理解しやすくなります。

例えば会社の社長がストレスにやられて疲れていたり、社員が虫の居所が悪く命令をちゃんと聞けなかったりすると、工場内で何かしらの不具合が表面化するように、女性の体もさまざまな〝不具合〟で、排卵させる・ベッドを作るという本来の目的が果たせなくなってしまいます。

つまり無月経は、現実社会でいうと、人間関係が悪くなり、意思の疎通ができなくなって、だんだんと歯車が合わなくなりトラブルが生じた状態なのです。

そして、無月経になってから病院にかかるというのは、前述した、人間関係がすでにかなり悪くなった状況のため、元の状態に戻すのが大変なわけです。無月経は放置する期間が長くなればなるほど、元のサイクルに戻すのが困難になり、月経を戻すのに半年、1年と経ってしまうことも。

1人目の子育てが一段落つき、「そろそろ次の子どもが欲しいなぁ」と考えた時、無月経になってしまっているとおのずと次の子どもを授かるまでに時間がかかってしまいます。場合によっては不妊治療などをすることになる場合もあるので、無月経まで進行する前に不調を感じたら、早めに受診をしてくださいね。

遠藤先生の伝えたいこと

無月経は、工場内の人間関係がすでに悪化した状態と同じ
生理不順や不正出血の段階で、早めに病院を受診して！

遠藤先生からひとこと

ホルモン薬の内服で生理を起こすことはできますが、実際の生理ではありませんので、無月経の根本的な治療が必要です。

婦人科の病気と妊娠・出産の関係

最近は初産年齢が上がってきたのにともなって、婦人科の疾患を合併した妊婦さんも増えてきました。ただ「疾患がある＝妊娠・出産は無理」というわけではないのでご安心を。ここでは代表的なトラブルについて解説します。妊娠への影響や、妊娠中に注意が必要なものもあるので、チェックしてみてください。また、早い段階で婦人科系の疾患を発見できると、治療が容易になるケースも見受けられます。20代から発症することも多いので、20歳を過ぎたら1年に1回は健診を受けることをおすすめします。

遠藤先生の伝えたいこと

- 婦人科系疾患があっても妊娠・出産できないわけではない
- 疾患ごとに妊娠への影響や注意点が異なる

子《し》宮《きゅう》腺《せん》筋《きん》症《しょう》

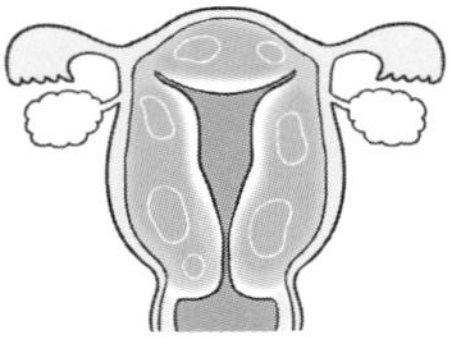

1）どんな病気

子宮内膜のトラブルのひとつで生理のたびに、子宮全体が腫れてくる病気です。強い生理痛や過多月経を引き起こすため、早めの対応がカギに。

2）不妊症との関係

子宮や骨盤内の炎症を引き起こし、不妊症の原因となります。診断されたら、妊娠を考えるまでは進行を抑えるための治療を行います。

3）妊娠中の注意点

子宮の血流が悪くなったりするため、赤ちゃんが小さめに育ってしまうことが。また、羊水を注射針で吸い取ったりすると、炎症を引き起こす傾向があるので、羊水検査を考える時は、流産確率がやや高いことを考慮しましょう。

子宮筋腫《しきゅうきんしゅ》

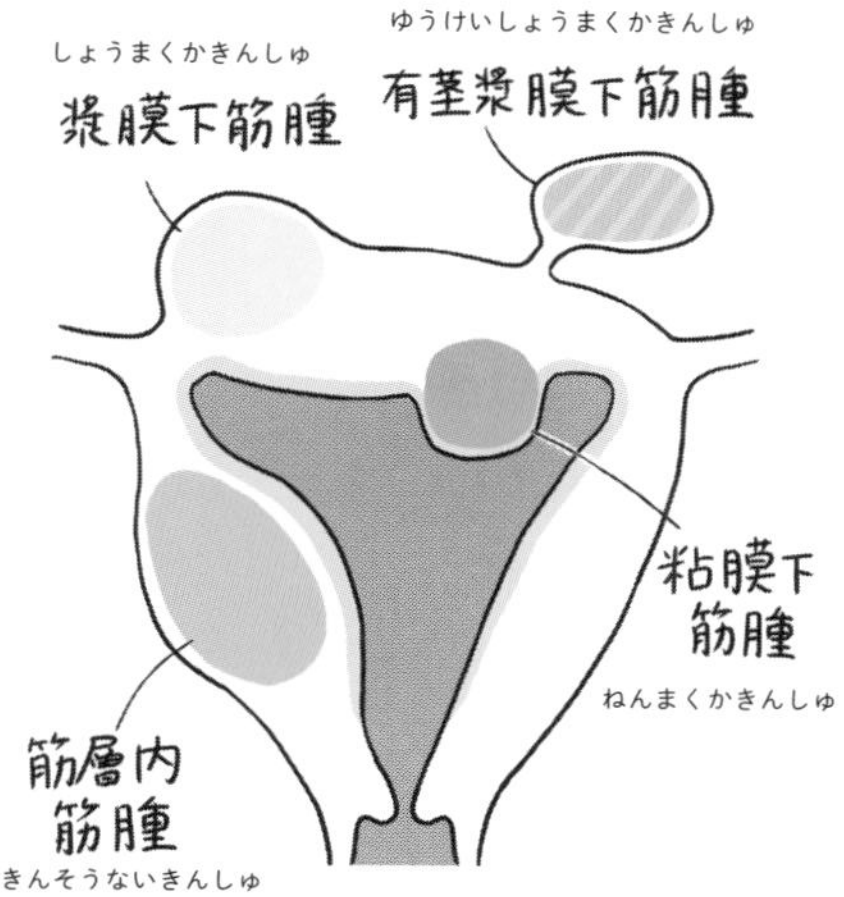

1）どんな病気

子宮の中に大小のこぶのようなものができる病気。子宮筋腫の位置や大きさにより症状に差があります。

2）不妊症との関係

筋腫の種類と位置によっては不妊になる可能性も。赤ちゃんのベッドである子宮内膜の形を変化させてしまうような粘膜下筋腫、筋層内筋腫だと影響が出やすいです。

3）妊娠中の注意点

妊娠中には子宮筋腫が大きくなって筋腫に血流が届かなくなり、子宮筋腫内が壊死してしまう〈変性〉という現象が起こることもあります。変性が起きると、腹痛や子宮の収縮などが起こりやすくなり、時に入院が必要に。また大きな筋腫が子宮の出口付近にある場合、帝王切開になることも。

卵巣嚢腫《らんそうのうしゅ》

1）どんな病気

卵巣が腫れてしまう病気です。水や粘液がたまっている漿液性腺腫、血液のような子宮内膜細胞がたまって腫れるチョコレート嚢腫、脂肪や髪の毛を嚢胞内に含む奇形腫（テラトーマ）などが代表的です。

2）不妊症との関係

チョコレート嚢腫は、生理のたびに子宮や骨盤内に炎症を起こして不妊症の大きな原因となることも。奇形腫や漿液性腺腫は不妊症とは関係が少ないといわれています。

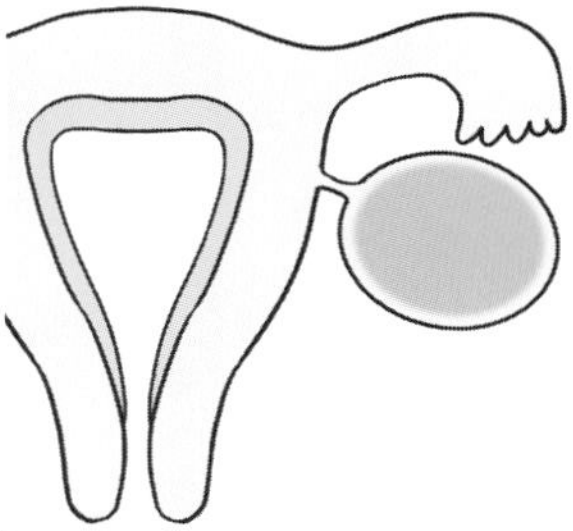

3）妊娠中の注意点

基本的には経過観察となります。しかし嚢腫が大きすぎる場合は、赤ちゃんが成長する際にかなり邪魔になってしまうので、10㎝を超える卵巣嚢腫がある時は手術をすすめられることも。ちなみに帝王切開になった時、卵巣嚢腫を除去する手術を受けられる施設もあるようです。

遠藤先生からひとこと

特に子宮腺筋症は、妊娠との兼ね合いが重要で、早期発見し、自分の妊娠計画と併せ、治療方針を選択する必要があります。

婦人科全般

不妊治療の保険適用

2022年4月から不妊治療が保険適用になるという、大きな変換がありました。医療機関で正式に不妊症の診断を受けた場合に、タイミング法や人工授精、さらには体外受精や凍結・融解胚移植といった生殖補助医療についても保険が適用されることとなり、患者さんの負担がかなり軽くなりました。

ただし全ての方が無条件、無制限に治療を受けられるわけではなく、いくつかポイントがあります。その最たるものが年齢で、保険適用で治療を受けるためには、治療開始時の女性の年齢が43歳未満である必要があります。さらに治療開始時点の年齢によって、体外受精や顕微授精に挑戦できる回数も変わってきます。次項にある通り（P153参照）、妊娠率と流産率は年齢が大きく影響するため、できるだけ早い年齢から不妊治療に挑戦できるようなしくみを作ろうとしている国の姿勢がうかがえます。

というのも、不妊治療はまさに時間との勝負なのですが、最初の一歩を足踏みしてしまうカップルがいまだ多いのが現状だからです。

不妊症のおおよその判断基準は、「1年以上避妊せずに性交渉をしても妊娠しない」こと。経験上、このような状況に陥った方々がその原因探しに奔走するケースを多々見てきましたが、正直それはあまりおすすめできません。そもそも不妊症の原因は特定するのが難しく、さらに原因がひとつとは限らないうえに、どんな女性でも年齢とともに妊娠率が低下してしまうからです。妊娠の相談のために産婦人科を受診するのはハードルが高いとは思いますが、まずは医療機関を受診することをおすすめします。

仮に体外受精が必要になったとしても、すぐに治療を始められるわけではないですし（その前にいろいろ準備があります）、特に不妊治療の保険適用がされて以来、体外受精ができるような専門的な施設は、どこもかなり混雑しているという声を聞きます。治療をするかどうかは、医療機関で専門的な話を聞いてからでも決めることができるので、「もしかして不妊かな？」と思ったらまずは早い段階で一度受診することが大切です。最初の相談については、不妊専門施設でなくても、一般的な婦人科診療をしている診療所でも大丈夫ですよ。

遠藤先生の伝えたいこと

不妊治療の保険適用の条件を整理しておこう！

不妊治療は時間との勝負。自分が当てはまると思ったら、早めに産婦人科を受診

年齢・回数の要件（体外受精・顕微授精）

年齢制限
治療開始時において女性の年齢が43歳未満であること

回数制限	
初めての治療開始時の女性の年齢	回数の上限
40歳未満	通算6回まで（1子ごとに）
40歳以上43歳未満	通算3回まで（1子ごとに）

※過去（令和3年度まで）の治療実績や助成金利用実績は回数の計算に含めない

遠藤先生からひとこと

命のもととなる胚は−196℃としう超低温で半永久的に保存することができます。

高齢出産に立ちはだかる壁

　今は、かなり多くの人が一般常識的にわかるようになった「女性の卵子の数には限りがある」という事実。約７００万個あった卵子は初潮を迎える頃には約30万個まで減り、毎月の生理で数百個ずつ失われ、閉経を迎えます。

「じゃ、卵子がなくなる前であれば、不妊治療の技術も進歩したし、高齢でも楽に妊娠ができるんじゃないか」というと、そう簡単にはいかないのが現実です。卵子と精子を体の外で受精させ、子宮内に戻す体外受精に初めて成功してから40数年余。成功当時は「進歩した技術によって多くの不妊症カップルが救われるであろう」と、考えられてきました。

　しかし体外受精の症例が増え、実際に年齢別にどれくらいの妊娠確率なのかを調べたところ、１回の胚移植により妊娠する可能性は30歳以下で50％ですが、40歳では30％、45歳になると10％を切ってしまうという結果に。しかもその後の初期流産率についても、若い年齢だと10～15％ですが、40歳以上だと30％を超え、45歳になると約60％の高い確率になります。つまり、高齢では、低い妊娠率と高い流産率の２つの壁を越えなくてはならず、いまだ年齢リスクを乗り越えたとはいいがたいのです。

　今後、発生途中の胚から一部の細胞を取り出して染色体検査をする着床前診断や、若い間に卵子を凍結保存しておく卵子・卵巣凍結などで、年齢リスクを乗り越えることが可能になるかもしれませんが、高齢の妊娠では妊娠高血圧症候群をはじめとしたさまざまな合併症も増えるし、何よりも不妊治療は精神的、肉体的、時間的な負担がとても大きいです。医師として誤解を恐れずに言わせていただくと、やはり早い年齢で妊娠するのがベターです。

だからこそ、私は中学・高等学校での保健体育の授業でも（居眠りしがちですが……）、生理的に妊娠適齢時期があること、卵子の数には限りがあることを積極的に教えてほしいと思っています。

卵子の数の移り変わり

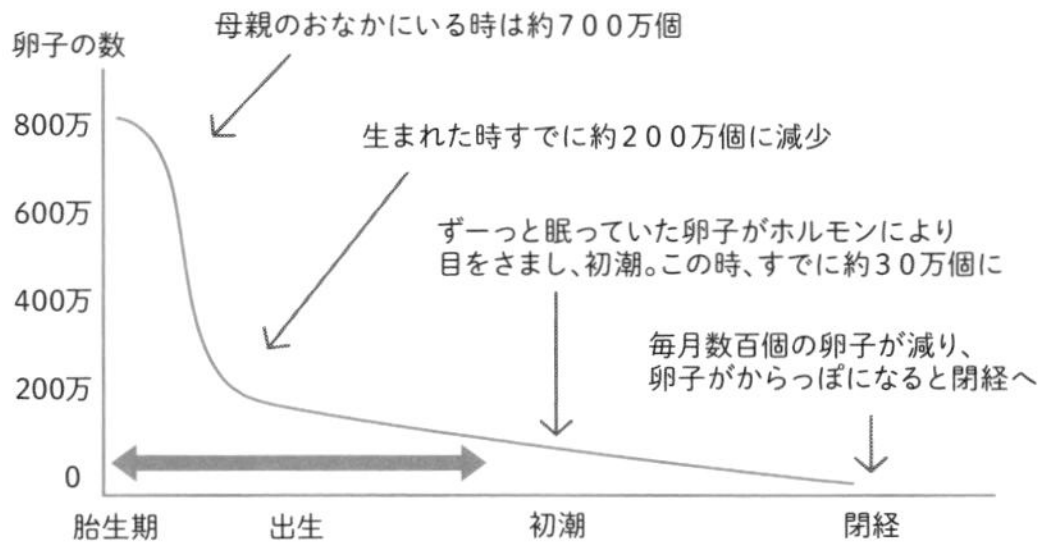

お母さんのおなかの中にいる時から閉経までの卵子の数の移り変わりを表したグラフです。生まれた時にすでに500万個も減ってしまうんですね。

遠藤先生の伝えたいこと

現状の不妊治療ではやはり年齢の壁は否定できない
なるべく早いうちに不妊症のリスクをチェックすることが大切

ART（生殖補助医療／体外受精など）の妊娠率・生産率、流産率

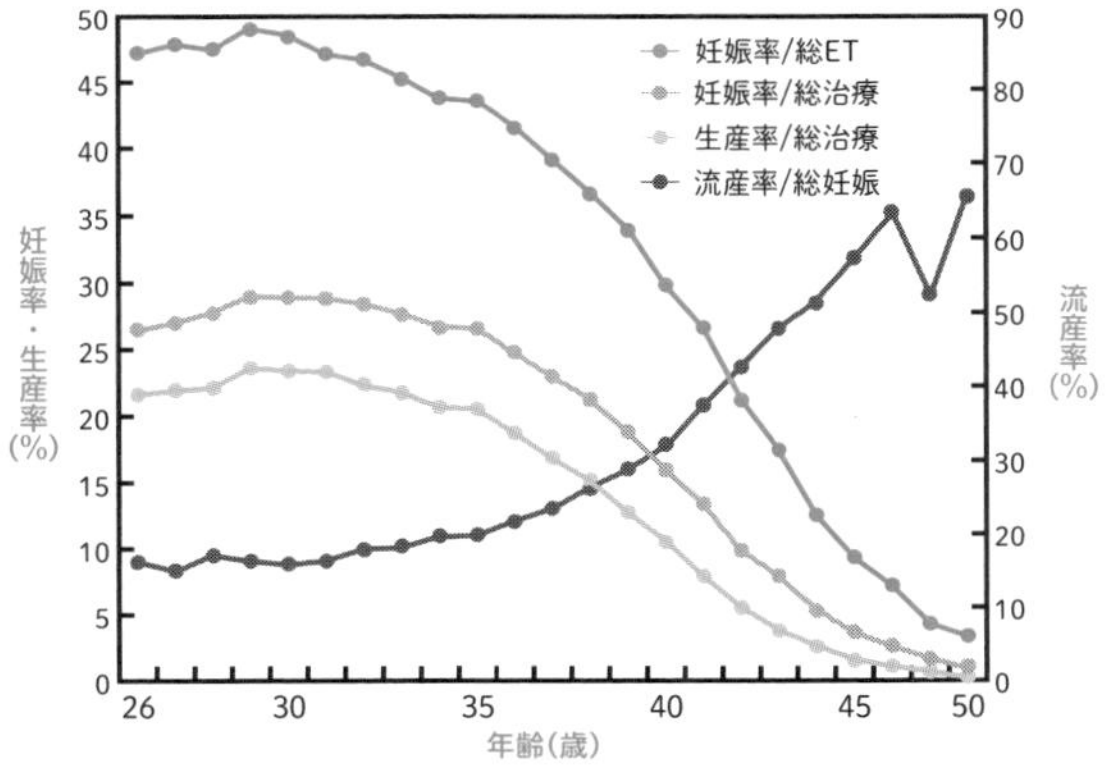

出典：2021年体外受精・胚移植等の臨床実施成績（日本産科婦人科学会）

年齢別のARTの実績を見るとやはり年齢とともに妊娠率や生産率（生きて生まれる率）が下がり、逆に流産率は年齢とともに上がっているのがわかります。

遠藤先生からひとこと

仕事と妊娠の関係には早く出産したくても状況が許さないなどの社会的な問題もしばしばはらんでいますよね。

卵子凍結は夢の不妊治療？

2023年、東京都が卵子凍結にかかる費用への助成を開始したことが話題となりました。実は東京都に先駆けて、2015年に千葉県浦安市が日本で初めて公費による卵子凍結に対する助成に取り組んだ歴史があり、当時私が働いていた施設が深く関わっていたので、このニュースは感慨深いものがあります。

この本でも何度か言及しているように、年齢による妊娠率の低下は避けられない事実であり、その大きな原因は卵子の老化によるものです。だから若い時に卵子を凍結しておくことで、もしも将来高齢で妊娠に臨む状況になったとしても、若い卵子に望みを託すことができますよ、というのが卵子凍結です（妊娠率は、採卵した年齢に依存します）。

世間では不妊治療の一環として捉えられている印象がありますが、個人的には女性のライフスタイルの選択肢を広げるための技術という意味合いが強いと思います。

というのも、卵子凍結を有効活用するためには、まだ将来のパートナーも決まっていないような若い年齢の時に、採卵による痛みやリスクを伴いつつ、それなりの数の卵子を保存しておかなければならないからです。凍結した卵子が全て妊娠につながるわけじゃないので、1人の子どもを得るためにはおおよそ10～20個の卵子を保存する必要があります（採卵時の年齢に大きく影響を受けます）。

だからこの技術は夢の治療ではなく、あくまで将来のための保険のひとつという位置付けなのです。なぜそこまで卵子凍結の必要性が議論されているの？　と思うかもしれませんが、女性の人生において、妊娠・出産に有利な年齢と、社会人として脂が乗ってくる年齢が重なるからなんです。多くの女性たちがどちらかを選択しなければならないという岐路に立たされる現状があるからこそ、卵子を凍結しておくことに意義があるんですね。

実際アメリカなどでは、皆さんが当たり前のように知っている大企業が、卵子凍結への補助を福利厚生の一環としてこぞって提供しています。「当社は性差のないフェアなライフスタイルを選択できる環境を担保しますよ」という姿勢を見せるための取り組みです。

凍結した卵子があることにより、だったらキャリアを優先しようと思う女性は増えるかもしれません。ただその際、卵子凍結でできることとその限界をきちんと理解しておくことが重要です。まだまだ日本での認知は低いので、いろいろな情報が錯綜している状況。卵子凍結はあくまで自分のライフスタイルを決定していくための選択肢、オプションのひとつと考えてください。

少し私見は入りますが、現状、日本では他人から卵子を譲り受ける「提供卵子」が原則的には認められていないので、そういった意味でも自身の卵子を若いうちに凍結保存しておくことは、高齢妊娠に臨むうえでの大きな武器のひとつであると、個人的には考えています。

遠藤先生の伝えたいこと

- 卵子凍結は夢の治療ではなく、ライフスタイルを決定するための選択肢のひとつ
- 有効利用するためには、若いうちに、それなりの数の卵子を保存する必要がある

遠藤先生からひとこと

がん患者さんが抗がん剤治療をする前に卵子凍結保存をすることもあります。

HPVワクチン積極的推奨の再開

マザーキラーと呼ばれる病気をご存じですか？

これは子宮頸がんの別名です。若い女性において、乳がんについで発症する可能性が高いがんで、ちょうど出産や子育ての時期に重なり、発見が遅れれば命を落としてしまうことからこんな不名誉な名前がつきました。子宮頸がんの怖さは、産婦人科医であれば誰しもが知るところです。

マザーキラーの主な原因は、「ヒトパピローマウイルス（HPV）」と呼ばれるもので、この発見は2008年のノーベル賞を受賞しています。あれだけ恐ろしい病気が、まさかウイルス感染が原因だったというのは驚きでしたが、この大きな発見を皮切りにさまざまな研究が進み、いろいろなことがわかってきました。何百種類もあるHPVのうち、少なくとも15種類が子宮頸がんの原因となりうること（ハイリスク型HPVと呼びます）。HPVは性交渉によって感染するのですが、感染力が大変強く、生涯で数名のパートナーとの性交渉経験があれば感染してしまうこと（つまり現状、日本では経験者の大半が感染している）。さらに、以前までは感染したとしてもおよそ9割は自然軽快すると考えられていたものの、実は自身の免疫の力によってウイルスの活動を一時的に抑えているだけということもわかってきました（一度感染すると、生涯にわたり子宮頸がんの発症リスクを背負う）。

さて、これまでは子宮頸がんについては子宮がん検診による早期発見しか手立てがありませんでしたが、2006年にハイリスク型HPVのいくつかの種類の感染を予防するためのワクチンが開発されました。俗に言うHPVワクチンです。このワクチンの登場により、ハイリスク型HPVそのものを世界から減らすことで、マザーキラーを撲滅しようという試みが世界中で始まりました。

特に積極的に取り組んだのがオーストラリアで、これまでに着実に実績を積み重ね、2028年には子宮頸がんが撲滅（10万人あたり4人以下の希少がんになる）と試算を出しています。WHOは、HPVワクチン接種率90％、さらにがん検診受診率70％を達成することで、子宮頸がんの撲滅が可能だとも明言しており、各国がこの目標に向けて動いています。

しかしながら**我が国では、完全におくれをとっているのが現状**です。記憶にも新しい、メディアによる強烈なHPVワクチンバッシングによるものです。国が定めた定期接種から一度も外れたことがないにもかかわらず、2013年からは積極的推奨を控えるという不可思議な状況が、長らく続きました。学会からの度重なる要請もあり、**2022年についに積極的推奨が再開され、各自治体から具体的にHPVワクチンの周知がされるようになりました**。対象年齢やスケジュールなど、詳しくは厚生労働省のホームページなどでチェックしてください。

一時期接種する人が極端に少なかったHPVワクチンですが、このところだいぶ接種数が増えてきました。しかしながら、まだまだ目標には程遠いのが現状です。いつか日本でも、「昔は子宮頸がんって病気があったんだよ。今はなくなったんだけどね」なんて話をしたいなと、心から願っています。

遠藤先生の伝えたいこと

- HPVワクチンの接種条件をチェックしよう
- できれば、性交渉経験前にHPVワクチンを打とう

遠藤先生からひとこと

HPVワクチンの接種、2017年のクリニック開業当時にはなんと1年に1人というペースでした……。

ここ10年でホルモン剤の選択肢が相当増えた！

現在私は、無床診療所、いわゆる入院施設がない一般クリニックで産婦人科診療を行っています。妊婦健診からがん検診、ワクチン事業や精密検査など、まさに広く浅く産婦人科にかかわる治療を行っているのですが、実は、なかでも一番多い患者さんは、「ホルモン治療をしている女性」です。

避妊、月経困難症に月経不順、過多月経や月経前症候群（PMS）、それに更年期障害に至るまで、本当にさまざまな場面でホルモン剤が有効だからです。女性の健康と適切なホルモン治療は、まさに切っても切り離せない関係なのです……が、これまで日本では種々のホルモン剤の認可・保険適用がかなり遅れていました。

日本では使える薬の種類が少ない、高い、リスクのある人には使えない、なんてご意見はよく耳にしますが、いや、そういった時代は確かに非常～に長くあったんですけど、今は完全に昔の話になっています。

特に2010年代に入ってからは、毎年のように新しい薬が承認され、発売当初は高額だった薬も薬価改正のたびに安くなり、まさに状況が一変しました。それぞれの薬について、年表とともに特徴などを紹介したいところですが、とても紹介しきれないほどです。

とにかく現在では、ホルモン剤は月1000円を切るものもたくさんありますし、持病や喫煙などで血栓症リスクが高い患者さんでも安全に使える薬もあります。もちろん、状況によって適した薬は異なりますし、合う・合わないは個人差があるのですが、選択肢が増えるということは、自身に合う薬を見つけるチャンスが増えるということでもあります。月経関連で悩んでいる方は、ぜひ気軽に産婦人科を受診してくださいね。

遠藤先生の伝えたいこと

ホルモン剤の選択肢が増えて安くなり、自分に合う薬を見つけやすくなった

ホルモン剤の種類（一部）

低用量ピル	卵胞ホルモンと黄体ホルモンの合剤。避妊目的で使うものをOC(Oral Contraceptives)、治療目的のものをLEP(Low dose Estrogen Progestin)と呼ぶが、基本は同じもの。避妊・月経困難症・過多月経・月経不順・PMSなど、さまざまな場面で使われます。
中用量ピル	低用量ピルよりもホルモン含有量の多いタイプのピル。生理日をずらしたり、不正出血や生理が乱れてしまった時に、一度リセットするために使用されます。昔は緊急避妊薬としても使用されていました。
緊急避妊薬	俗に言うアフターピル。高用量の黄体ホルモンを内服することで、排卵のタイミングを乱したり、子宮内膜の環境を変えることで妊娠を回避します。性交渉から72時間以内の内服を！
黄体ホルモン製剤	喫煙者や肥満、中高年女性にも使いやすい、月経困難症改善薬。基本的には低用量ピルと同じように、排卵を抑える働きがあり、さまざまな症状に対して有効。さらに、子宮内に挿入するタイプの薬もあります。
HRT(ホルモン)補充療法製剤	更年期症状を抑えるためのホルモン剤。昔は内服薬のみでしたが、現在ではパッチ剤やジェルタイプの薬剤など、幅広いラインナップがあります。それぞれ長所と短所があるので、担当医に相談を！

※各薬剤の種類はたくさんあるので、担当医としっかり相談しましょう。

遠藤先生からひとこと

いまだにピル＝避妊という間違った認識をされる人や、副作用に誤解を抱いている人も多いです。

インターネットとの上手な付き合い方

私は、2012年からブログで産婦人科にかかわる医療情報を周知する記事を書き始めました。当時はまだまだガラケーが強い勢力を持ち、タブレット端末がようやく日本で発売され、いまや日本人のほとんどが使っているであろうLINEが使われ始めた頃です。TikTokはおろか、インスタもメルカリもない時代で、まだまだ国民全体がネットに対しての知識も浅く、未熟だったのです。

その頃に流行《はや》ったのが情報商材と呼ばれるもので、個人が運営するブログやサイトから真偽不明の情報が商品として飛ぶように売れていました。ネットにはさまざまな悪徳業者がはびこっていたのです。そんな情報に惑わされないために、誰もが理解しやすい本格的な医療情報を発信していこう、そう考えてブログを始めたのです。

ブログの中でとりわけ強調していたのが、ネットの検索方法です。「検索ワードに重要な単語をひとつ、ふたつ追加するだけで、正しい情報に触れられる確率が劇的に上がりますよ」という今では当たり前になったテクニックを、たびたびお知らせしていました。

さて、現在ではネット環境がさらに身近になって、当時とは比べられないほどたくさんの人たちが、ネットの世界に参加するようになりました。じゃあ、皆さんは、正しい情報にあたれているのか、情報の良し悪しを判断できているのか？　と考えると、首を傾げざるを得ません。ネットを商売の種にしようとする人は、いつの時代も変わらずいる……どころか、むしろ増えている!! その人たちは、検索する人の興味をいかに引くかを日夜研究していて、ネットが身近になったからこそ、より慎重に情報にあたる必要性に迫られていることを感じます。

もちろん、Googleをはじめとしたプラットフォーム側も、頻繁にアルゴリズムのアップデートを行っています。特に近年の大きな変化は、正式な機関や専門家が提供する情報が検索上位に表示されやすくなったことです(おかげさまで、ペンネームかつ無料プラットフォームで運営していた私のブログの検索順位は大幅に下がりましたが……)。

しかし、ネットで商売する人たちはたくましく、すぐに研究・対策され、まさにイタチごっこ。ネットは常にリスクがはびこっている場所と認識するのがいつの時代も重要なのです。

じゃあ、困った時にどうすればいいのかというと、昔と同じく検索ワードに重要単語を追加するのは有効です。さらに、せっかく専門機関が発信する情報が検索上位にあがるので、まずはその情報をきちんと読むこと。そして、おすすめできないのが、他人の意見や体験談に振り回されること。たくさんの患者さんを診てきたからこそ実感しますが、人間の体はひとりひとり違います。さらに、個々人の考え方や性格も全く異なります。外来をやっていても、心配性で検索ばかりしてしまう患者さんと、逆におおらかすぎる患者さんに対して、同じ内容を伝えるにしても、伝え方は変わります。

ネットでの情報収集は専門機関のものに限り、その他詳細な相談は、自分の経過をよくわかっている担当の先生に直接するようにしましょう。

遠藤先生の伝えたいこと

- ネットの意見や体験談を信用しすぎない
- 専門機関が発信する情報に、まず目を通す

遠藤先生からひとこと

当時書いていたブログはまだアメーバブログで読めます。妊娠・出産以外の情報も載っていますよ。

遠藤先生のおすすめ
サイト・アプリ・書籍

気になるコトや知りたかった情報を
サクッと入手できるサイトや書籍の中から、
私が「これはいい！」と思ったものをいくつかご紹介します。
ぜひチェックしてみてください。

BOOK

コウノドリ 1~32巻

鈴ノ木ユウ 著/講談社刊/各671~704円(税込)

嫁ハンをいたわってやりたい ダンナのための妊娠出産読本

荻田和秀 著/講談社刊/935円(税込)

∴ オススメポイント ∴

『コウノドリ』は産婦人科医のリアルを丁寧に描いています。また、「コウノドリのモデル」荻田先生の本もわかりやすい語り口で読みごたえアリ!

遠藤先生(PN.藤ノ木優)の小説もチェック!

アンドクター 聖海病院患者相談室

KADOKAWA刊/792円(税込)

あしたの名医 伊豆中 周産期センター

新潮社刊/880円(税込)

まぎわのごはん

小学館刊/858円(税込)

あの日に亡くなるあなたへ

小学館刊/858円(税込)

-196℃のゆりかご

小学館刊/1650円(税込)

おすすめのサイト・アプリ

国立成育医療研究センター (妊娠と薬情報センター)

URL:https://www.ncchd.go.jp/kusuri/

∴ オススメポイント ∴

Q&Aもあり、さらに薬剤について質問も可能です。

KNOW・VPD! (予防接種スケジュール)

URL:https://www.know-vpd.jp/

∴ オススメポイント ∴

とにかく見やすい! アプリもおすすめです。

透明なゆりかご1~9巻 (以下続刊)

沖田×華 著/講談社刊/各472~550円(税込)

オススメ ∴ ポイント ∴

産婦人科の現場に『コウノドリ』とは異なった視点から踏み込んだ作品です!

妊娠しやすい食生活 ―ハーバード大学調査に基づく妊娠に近づく自然な方法―

ジョージ・E・チャヴァロ、ウォルター・C・ウィレット、パトリック・J・スケレット 著/志馬千佳監修/細川忠宏 訳/日本経済新聞出版社刊/1980円(税込)

オススメ ∴ ポイント ∴

症状別のレシピ提案や栄養バランスがとてもよく考えられています!

第5章

医師が 男性に 伝えたい 大切な話

パートナー

パートナーの予防接種のすすめ

妊婦さんのパートナーとして、自分にできることはなんだろう？　責任感の強い男性ほど、なかなか有効なお手伝いができずに悶々としてしまうかもしれません。そんなあなたにぜひ協力していただきたいのが、予防接種です。インフルエンザや新型コロナウイルス感染症（COVID－19）、さらに風疹や麻疹など、世の中にはさまざまな感染症が存在します。いずれも妊婦がかかってしまうと、流産や死産の確率が増加したり、感染症そのものの重症化率も高くなる傾向にあります。さらに風疹に関しては、胎児への障がいを引き起こす可能性のある怖い病気です。これらの疾患は、予防接種によって感染率や重症化率を下げることができます。まさに、感染症に対抗するための人類の叡智が予防接種なのです。予防接種はリスクをゼロにすることはできませんが、パートナーさんは積極的に予防接種をして、家庭内にウイルスを持ち込むリスクを減らしましょう。

特に風疹や麻疹については、生涯で2回の予防接種が必要なのです。しかし我が国では予防接種システムの整備が遅れたため、2000年以前に生まれた方は1回、もしくは予防接種を受けていない方もいるかもしれません。自身の母子手帳を確認して、接種回数に不足がある場合は、ぜひ接種をしてください。また妊娠女性と同居するパートナー向けに、抗体検査や予防接種費用の助成を行っている自治体も多くあります。それらの情報を、ぜひ確認してみてくださいね。

遠藤先生の伝えたいこと

妊婦さんのパートナーとして十分な予防接種を

特に風疹の予防接種については自身の接種回数を確認

遠藤先生からひとこと

本当にベストなタイミングは妊娠前に予防接種をすることです！

パートナー

お父さんにこそ知ってもらいたい、産後うつについて

妊婦さんのパートナーとして、特にお父さんにお願いしたいことがあります。

お母さんの産後うつに注意してください。産後、およそ1割の女性がこの病気に陥るというデータもあり、どのご家族にとっても決して無関係な病気ではありません。症状は一般的なうつ病と同じく、不眠や食欲減少、集中力や決断力の低下、重くなると自殺念慮や自殺企図にもつながることがあります。実は、日本において妊産婦死亡の原因として最も多いのが、自殺です。この傾向は2020年以降特に顕著で、コロナ禍によるストレスや交友関係の制限なども強く関与していると思われます。医療技術が発達して分娩関連の死亡事故を減らせたとしても、産後うつにより自ら命を絶ってしまう事例が増えてしまっている現状は、産婦人科医として悔しく思います。

さて、産後うつについては早期発見・治療について試みられているのですが、思うような成果があげられていません。大きな理由のひとつが、産後うつの発生頻度が高い時期にあります。産後うつは多くの女性が出産直後に陥るマタニティブルーとは異なり、産後1~3カ月に多く発生すると言われています。これはつまり、産後1カ月健診を終えて、「これで産科は卒業です」と言われた後になるのです。

産後うつの兆候を一番察知できるのは、産婦人科医ではなくパートナーであるあなたなのです。産後うつという名前から、一時的な気分不快と軽く捉えてしまう方もいらっしゃるかもし

れませんが、産後うつは立派な病気で、抗うつ薬などの専門的な治療が必要になります。もしもパートナーの様子がおかしいと思ったら、専門機関を受診するように提案してください。いきなり病院を受診するのが気後れするという方は、分娩した産科施設や産後ケア施設を訪ねてもいいし、地域自治体の母子支援に関わる部署の門を叩いていただいても構いません。そこにいる人たちが、包括的なケアが必要だと判断すれば、適切な治療へとつなぐ道を示してくれます。ひとり、もしくはふたりだけで解決しようとしないことが重要なのです。

産後うつの兆候を知る指標として、エジンバラ産後うつ病自己質問票（EPDS）という評価方法があります。パートナーさんも目を通しておき、特に産後数カ月は、EPDSの高リスクに当てはまる項目が多いのかどうかを、気にかけてください。

遠藤先生の伝えたいこと

- 産後うつは1カ月健診では察知するのが難しい
- 産後数カ月は、パートナーさんが兆候を察知すること

遠藤先生からひとこと

産後うつについてはP122でも詳しく紹介しています。

自己質問票でセルフチェックしてみよう

エジンバラ産後うつ病自己質問票(EPDS)

ご出産おめでとうございます。ご出産から今までのあいだにどのようにお感じになったかをお知らせください。今日だけでなく、過去7日間にあなたが感じたことに最も近い答えに○をつけてください。必ず10項目全部に答えてください。　※(　)は点数

1)笑うことができたし、物事のおかしい面もわかった。
(0) いつもと同様にできた。
(1) あまりできなかった。
(2) 明らかにできなかった。
(3) まったくできなかった。

2)物事を楽しみにして待った。
(0) いつもと同様にできた。
(1) あまりできなかった。
(2) 明らかにできなかった。
(3) ほとんどできなかった。

3)物事が悪くいった時、自分を不必要に責めた。
(3) はい、たいていそうだった。
(2) はい、時々そうだった。
(1) いいえ、あまり度々ではない。
(0) いいえ、そうではなかった。

4)はっきりした理由もないのに不安になったり、心配した。
(0) いいえ、そうではなかった。
(1) ほとんどそうではなかった。
(2) はい、時々あった。
(3) はい、しょっちゅうあった。

5)はっきりした理由もないのに恐怖に襲われた。
(3) はい、しょっちゅうあった。
(2) はい、時々あった。
(1) いいえ、めったになかった。
(0) いいえ、まったくなかった。

6)することがたくさんあって大変だった。
(3) はい、たいてい対処できなかった。
(2) はい、いつものようにはうまく対処しなかった。
(1) いいえ、たいていうまく対処した。
(0) いいえ、普段通りに対処した。

7)不幸せなので、眠りにくかった。 (3) はい、ほとんどいつもそうだった。 (2) はい、ときどきそうだった。 (1) いいえ、あまり度々ではなかった。 (0) いいえ、まったくなかった。
8)悲しくなったり、惨めになった。 (3) はい、たいていそうだった。 (2) はい、かなりしばしばそうだった。 (1) いいえ、あまり度々ではなかった。 (0) いいえ、まったくそうではなかった。
9)不幸せなので、泣けてきた。 (3) はい、たいていそうだった。 (2) はい、かなりしばしばそうだった。 (1) ほんの時々あった。 (0) いいえ、まったくそうではなかった。
10)自分自身を傷つけるという考えが浮かんできた。 (3) はい、かなりしばしばそうだった。 (2) 時々そうだった。 (1) めったになかった。 (0) まったくなかった。

日本産婦人科医会「母と子のメンタルヘルスケア」

<結果の見方>

正直に回答し、(　) 内に書かれている点数を加算してください。

EPDSの合計得点が9点以上

上記に当てはまった場合は、産後うつ病の可能性が高いとされています。かかりつけの医療機関に相談しましょう。

お父さんに向けてのメッセージ

「パートナー（お父さん）向けの情報周知のコンテンツを増やそう」。本書を新装するにあたり、そんな話が持ち上がりました。しかし、じゃあ、なにをどこまで伝えるべきなのかについて考え始めると、非常に迷いました。

本書が最初に刊行されたのは2016年。妊娠・出産に関わる医学的な基礎知識を幅広く周知したい、それも、パートナーと一緒に気軽に読めるような専門的な本を作りたい。そんな思いで執筆したことを覚えています。妊娠・出産にともなって女性の体に起こる変化をお互いが知ることで、サポートし合えるようになるのだと考えていたのです。

さて、それから時代は変わり、世間の認識も大分変化してきました。妊娠・出産に父親も参加しましょう！　そんな声のもと、父親向けのいろいろなコンテンツが増え、自治体なども積極的に情報を周知するようになりました。しかし、それらの資料に目を通してみると、どうにも違和感を覚えるのです。

「流産しやすい時期なので重いものを持たせないように」「出産について情報収集しましょう」「両親学級を受講しましょう」「一緒に胎動を感じましょう」「妊婦健診にはできるだけ同行して、分娩に立ち会いましょう」「セックスは我慢しましょう」愛情ホルモンにガルガル期……。本質からずれてきてませんか？　と思うわけです。

住んでいる場所も、経済状況も、お互いの仕事も、家族構成も、個人の体力も精神力も、持病の有無も、それに宗教だって違うのに、こうするべきですよと大多数に言えることって、本来多くはないはずです。それにもかかわらず、正解・不正解のみを、声の大きな人が他人に対して下すような傾向が、どんどん強くなっているように思うのです。

これでは、真面目な人ほど心が潰れてしまうんじゃないかと心配になります。私が産婦人科医になった2008年頃にも、ネットの検索しすぎでメンタルを崩してしまう人が増えていたのですが、玉石混合の情報に溺れてしまうパターンが主でした。しかし現在、ネットはさらに身近な存在となり、SNSが一般的になり、情報よりも他人の意見に溺れるようになったと実感しています。多様性の概念が広がるにつれて、それを主張する意見は、どんどん強く、鋭く、狭くなっているように思えて仕方がありません。多様性って不思議ですね。

本来大事なのは、妊娠・出産にともなって女性の体に起こる変化を認識し、その知識をもとに自分たちの環境とすり合わせていくことが、お互いを思いやる道を探る方法じゃないでしょうか？

例えば、P122、166の産後うつについて、そういう可能性があるんだよと男性側も知っておくことで、周囲を頼る余裕がない産後のパートナーを救えるかもしれません。P104の会陰切開やP126の産後の回復について知っていれば、産後の性交渉についてもどこまでの行為なら相手に負担をかけずにすむだろうか、と想像できるとも思うのです。

「基礎的な知識を自分たちの行動原理の糧にする」。2016年に、本書を書いた時のコンセプトが、やはり普遍的なものなのではないかと改めて実感するのです。

長々と書きましたが、改訂に際し、男性の予防接種と産後うつについてのコンテンツを、パートナー向けに追記しました。つまりこの2項目は、どんなカップルにも強く伝えたい内容とも言えますので、ぜひ目を通してもらえればと思います。

おわりに

本書を最後まで読んでいただき、ありがとうございました。

前回の本を執筆した当時、この先何年経っても読者にとって有意義であるものにしたい。そう思ったことを今更ながら思い出します。

新装版を出すにあたり、前回の本を隅から隅まで読み返しました。そして、当時の自分の考えは間違っていなかったのだと改めて確認できました。ガイドラインの基準が少々変わろうとも、時代が移り人々の考え方や概念に変化が訪れようとも、私たちの体が変わるわけではないのです。

とはいえ、当時と今を比べてみて、変わったことも多々感じました。ネット環境は大きく発展し、専門機関の情報発信も多くなりました。HPVワクチン接種や産後ケア施設など、女性のQOL（生活の質）を上げるための取り組みもさまざまな自治体で広がりをみせています。あの頃、足りないな、もっと積極的に動いてくれればいいのに、と感じていたことは、時の流れとともに着実に前に進んでいるのです。

今回、KADOKAWAさまから新装版のお声がけをしていただき、そんな時代の流れの中で、変わらないもの、逆に変わったものを再確認でき、大変有意義な経験ができました。さすがに8年も経つと私自身の紡ぎ出す言葉も変わってきましたが、それもあわせてこの本の歩んだ軌跡であり、成長だと思っています。

さて、前回の本のあとがきには、「これからも書籍やインターネットを通じて情報発信を続けます」と書いたのですが、今では小説を通じて、自分が見てきた世界を皆さんに伝えるという手法に変わりました。実用書とはまた別の難しさがあるのですが、この道もなかなか面白いものです。この本を楽しく読めたという方は、ぜひ小説の世界の扉も開いてみてください。

最後に、前回の本と変わらず素敵で独特なイラストで本書を賑わせていただいたイラストレーターの栗生ゑゐこさま、表紙で本書に新たな風を吹き込んでくださったイラストレーターのよしだみさこさま、それに私の原稿をまとめてくださった編集部の皆さま、最後にこの本を手に取ってくださった読者の皆さまに、改めて心から感謝の意を表します。

２０２４年５月　産婦人科専門医　遠藤周一郎

INDEX

参考文献

『産婦人科診療ガイドライン産科編 2023』
（日本産科婦人科学会、日本産婦人科医会編・監修、日本産科婦人科学会）
『病気がみえる　vol.9　婦人科・乳腺外科』（医療情報科学研究所編、株式会社メディックメディア）
『病気がみえる　vol.10　産科』（医療情報科学研究所編、株式会社メディックメディア）
『はじめてママ&パパの妊娠・出産』（安達知子監修、主婦の友社編、株式会社主婦の友社）
『初めての妊娠・出産 最新版』（たまごクラブ編、株式会社ベネッセコーポレーション）

遠《えん》藤《どう》 周《しゅう》一《いち》郎《ろう》

産婦人科専門医、医学博士。Ameba公式トップブロガー。「専門的な知識をとにかくわかりやすく!」をコンセプトに開設したブログが評判を呼び、2016年には産婦人科の知識をわかりやすくまとめた『妊娠・出産を安心して迎えるために 産婦人科医きゅー先生の本当に伝えたいこと』(KADOKAWA)を出版。小説家「藤ノ木 優」としても活躍中。

ブログ 「藤ノ木優と申します」
X @kyusan_obgy

はじめてでもよくわかる
知《し》っておきたい
妊《にん》娠《しん》と出《しゅっ》産《さん》安《あん》心《しん》BOOK

2024年6月4日 初版発行

著者 遠藤《えんどう》 周一郎《しゅういちろう》
発行者 山下 直久
発行 株式会社KADOKAWA
〒102-8177 東京都千代田区富士見2-13-3
電話 0570-002-301(ナビダイヤル)
印刷所 TOPPAN株式会社
製本所 TOPPAN株式会社

●お問い合わせ
https://www.kadokawa.co.jp/(「お問い合わせ」へお進みください)
※内容によっては、お答えできない場合があります。
※サポートは日本国内のみとさせていただきます。
※Japanese text only

定価はカバーに表示してあります。

ISBN 978-4-04-606917-7 C0077